U0742248

周禮疏

〔唐〕賈公彦 撰
韓 悦 解題

圖版 一

「十四五」國家重點出版物出版規劃項目

二〇二四年度國家古籍整理出版專項經費資助項目

「群經單疏古鈔本彙編及校理（附《論語義疏》）」成果

教育部人文社會科學重點研究基地重大項目

「儒家經典整理與研究」〔19JJD750001〕成果

群經單疏古鈔本叢刊編委會

主　編　劉玉才

編　委　郜積意　張麗娟

顧永新　李　霖

郜同麟　張學謙

杜以恒

出版説明

群經義疏初以單疏形式流傳，單疏本保留疏文較爲原始面貌，是研究經典流變、校理經籍的關鍵文獻。至宋代出現經、注、疏乃至釋文合刻，單疏本遂漸式微，傳本稀少。今存於世的宋刻單疏本僅有《周易正義》（國家圖書館藏）、《尚書正義》（日本宫内廳書陵部藏）、《毛詩正義》（日本杏雨書屋藏，存三十三卷）、《禮記正義》（日本身延山久遠寺藏，存八卷）、《春秋公羊疏》（國家圖書館藏，存七卷）、《爾雅疏》（國家圖書館和日本静嘉堂文庫各藏一部）。另有散藏中、日兩國的單疏古鈔本，或從未公開，或未在中國原貌影印，學界使用甚爲不便。

本次我社幸獲各館藏機構授權，彙編影印《周易》、三《禮》、《春秋》三傳單疏古鈔本，並附研究性解題、與存世刊本的校勘記、相關重要研究論文。各經編纂情況如下：

1.《周易正義》。影印日本廣島大學圖書館藏天文十二年（1543）鈔本，十四卷全帙，及所附《周易要事記》《周易命期秘傳略》。圖版縮放比例爲90%。北京大學朱瑞澤先生解題。附録文章兩篇：野間文史先生《廣島大學藏舊鈔本〈周易正義〉攷》（包含與廣大本與刻本之校記），由朱瑞澤先生翻譯；北京大學顧永新先生《日系古鈔〈周易〉單疏本研究》。另外附録傅斯年圖書館藏《賁卦》敦煌殘卷。

2.《周禮疏》。影印日本京都大學附屬圖書館藏室町時代（1336—1573）鈔本，全五十卷，存三十一卷。圖版縮放比例爲80%。山東師範大學韓悦先生解題。

3.《儀禮疏》。影印日本宫内廳書陵部藏平安末（十二世紀）鈔本，存卷十五、卷十六。圖版原大。北京大學杜以恒先生解題並校理。

4.《禮記正義》。影印日本東洋文庫藏十世紀鈔本卷五殘卷，並背面《賢聖略問答》，原裝爲卷軸。北京大學部同麟先生解題。圖版縮放比例爲83%。附録英藏敦煌《禮運》殘片（S. 1057）、《郊特牲》殘卷（S. 6070）及法藏敦煌《郊特牲》殘片（P. 3106B）。

此册另附二種：《尚書正義》，英藏吐魯番出土《吕刑》殘片（Or. 8212 / 630r[Toy. 044]）。《毛詩正義》：（1）《谷風》《式微》殘卷（德國柏林藏吐魯番文獻）；（2）《小戎》《蒹葭》殘卷（《京都帝國大學文學部景印唐鈔本第一集》影印件，並日本高知大學、天理大學藏本）；（3）《思齊》殘片（俄藏敦煌文獻Дх. 09322）；（4）《民勞》殘卷（英藏敦煌文獻 S. 498）；（5）《韓奕》《江漢》殘卷（日本東京國立博物館藏本）。

5.《春秋正義》。影印日本宫内廳書陵部藏文化十二年（1815）至十三年鈔本，三十六卷全帙。圖版縮放比例爲90%。北京大學李霖先生解題。附録文章三篇：安井小太郎先生《景鈔正宗寺本〈春秋正義〉解説並缺佚考》（王瑞先生譯，董岑仕、張良二先生校）； 張良先生《跋復旦大學圖書館藏〈春秋正義〉殘帙》； 王瑞、劉曉蒙二先生《大連圖書館藏〈春秋正義〉述略》； 虞萬里先生《斯坦因黑城所獲單疏本〈春秋正義〉殘葉考釋與復原》。另外附録法藏敦煌哀公十二年—十四年鈔本殘卷(P. 3634v+3635v)。

6.《春秋公羊疏》。影印蓬左文庫藏室町末（十六世紀）鈔本，三十卷全帙。圖版縮放比例爲90%。湖南大學郜積意先生解題，山東大學石傑先生校理。附録馮曉庭先生《蓬左文庫春秋公羊疏鈔本述略》。

7.《春秋穀梁疏》。影印北京大學圖書館藏陳鱣鈔校本，全十二卷，存七卷。圖版原大。北京大學張麗娟先生解題。

以上七經單疏本皆原色影印。附録部分的敦煌、吐魯番、日本等殘卷殘片根據圖片質量單色或原色影印。底本爲卷子者，皆裁切成頁，爲避免裁切時行間信息遺失，每頁末行在下頁重複出現； 於圖版天頭標注行數。爲便於圖文對照，解題、校理和研究文章皆另册。敦煌本解題録自許建平先生《敦煌經籍敘録》（中華書局，2006年版），德藏吐魯番本《谷風》《式微》殘卷解題録自榮新江、史睿先生《吐魯番出土文獻散録》（中華書局，2021年版），英藏吐魯番本《吕刑》殘片解題由李霖先生撰寫，日藏殘卷解題録自李霖先生《宋本群經義疏的編校與刊印》（中華書局，2019年版）。叢刊解題、校理、研究論文中的古、舊、寫、鈔、抄等術語悉遵各篇作者表述習慣，不强作統一。

叢刊由主編劉玉才先生悉心統籌、指導，各位編委、解題、校理作者傾力支持，各收藏單位、論文作者慨予授權，謹致謝忱。

上海古籍出版社

二〇二四年十月

圖版總目録

第一册

京都大學附屬圖書館藏舊鈔本周禮疏

第二册

第三册

第四册

本册目録

京都大學附屬圖書館藏舊鈔本周禮疏

京都大學附屬圖書館藏

舊鈔本周禮疏

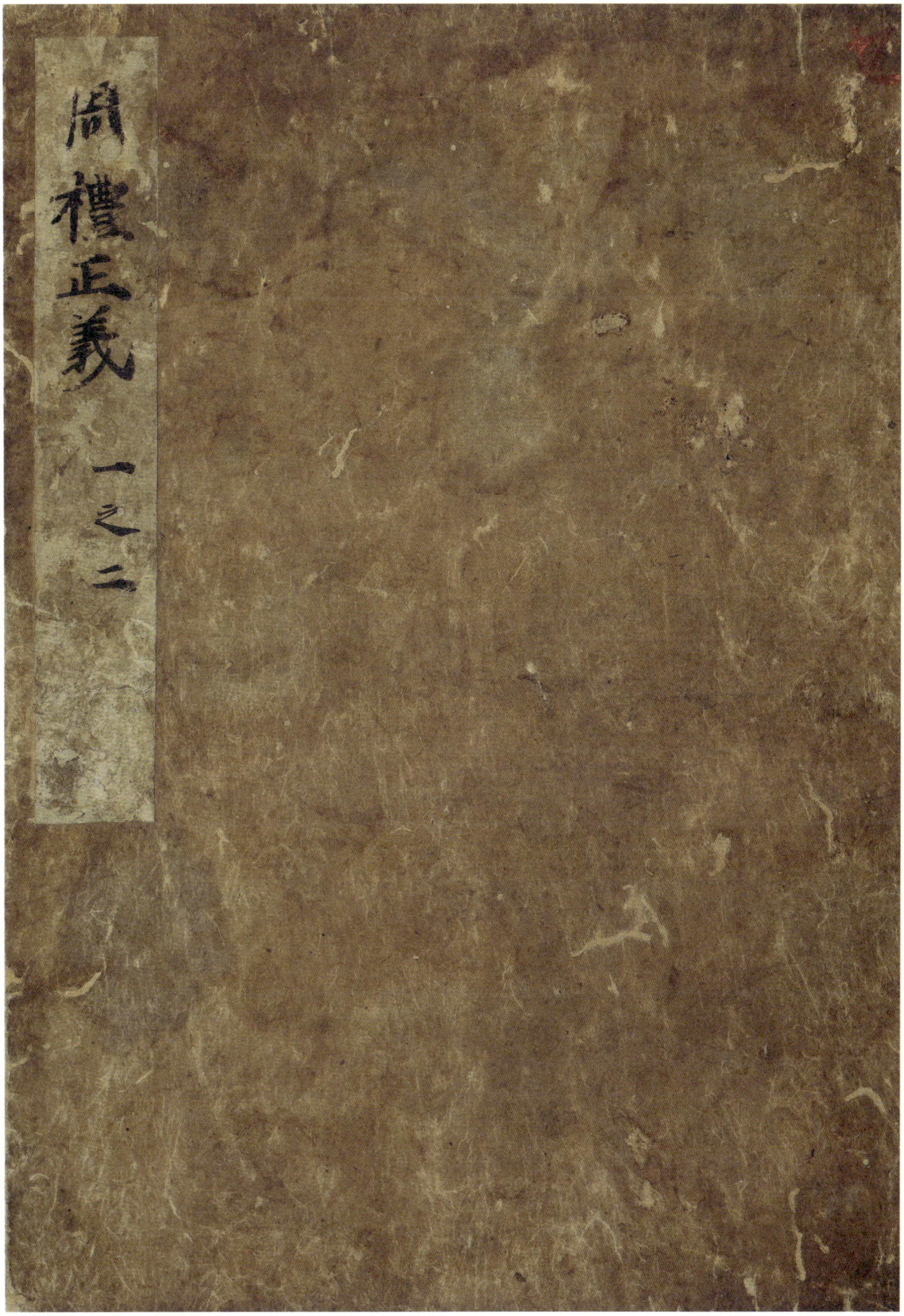
周禮正義 一之二

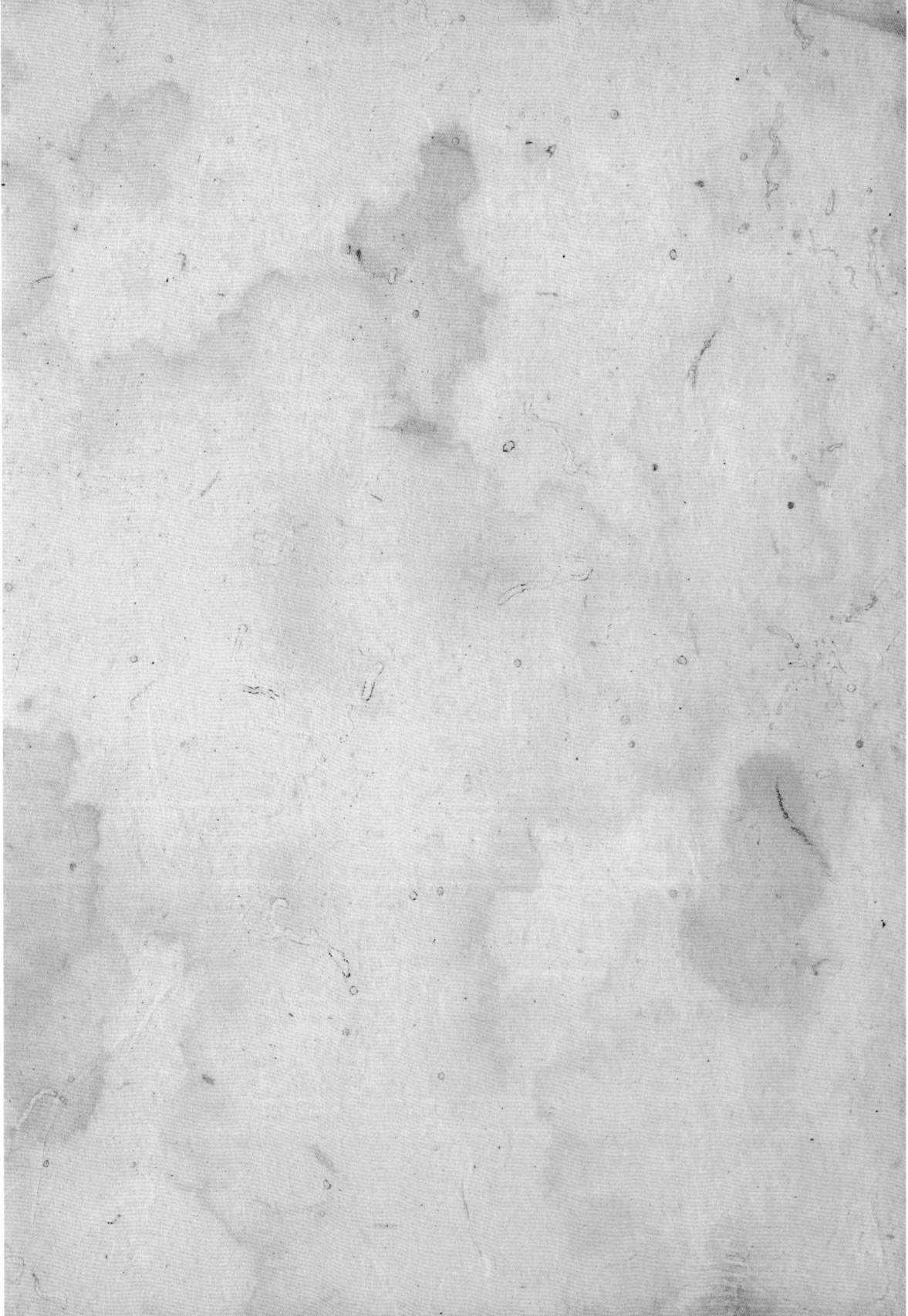

944917
昭和28.3.31

中書門下　牒

周禮正義

牒奉

勑國家欽崇儒術啓迪化源眷六籍之垂文實百王
之取法著於緗素煥若丹青乃有前脩詮其奧義為
之疏釋播厥方來頗索隱於微言用擊蒙於後學流
傳既久譌舛遂多爰命校讎俾從刊正歷歲時而盡
瘁探簡策以惟精載嘉稽古之功允助好文之理宜
從雕印以廣頒行牒至准
勑故牒

京都大學圖書之印

咸平六年八月日牒

給事中參知政事王

刑部侍郎參知政事王

右僕射兼門下侍郎平章事

司空兼門下侍郎平章事

周礼疏卷第一

唐朝散大夫行大學博士弘文館學士臣賈　公彥　等撰

夫天育蒸民無主則亂立君治亂事資賢輔但天皇地皇之日無事安民降自燧皇方有臣矣是以易通卦驗云天地成位君臣道生君有五期輔有三名注云三名公卿大夫又云燧皇始出握機矩表計宜其刻日蒼牙通靈昌之成孔演命明道經注云拒燧皇謂人皇在伏羲前風姓始王天下者斗機云所謂人皇九頭兄弟九人別長九州者也是政教君臣起自人皇之世至伏羲因之故文耀鉤云伏羲作易名官

者也又案論語撰考云黃帝受地形象天文以制官伏羲已前雖有三名未必具立官位至黃帝名位乃具是以春秋緯命曆序云有九頭紀時有臣無官位尊卑之別燧皇伏羲既有官則其閒九皇六十四民有官明矣但無文字以知其官號也案左傳昭十七年云秋郯子來朝公與之宴昭子問焉曰少皥氏鳥名官何故也杜氏注云少皥金天氏黃帝之子己姓之祖也郯子曰吾祖也我知之昔者黃帝氏以雲紀故爲雲師而雲名注云黃帝軒轅氏姬姓之祖也黃帝受命有雲瑞故以雲紀事百官師長皆以雲爲名

號縉雲氏蓋其一官也炎帝氏以火紀故為火師而火名注云炎帝神農氏姜姓之祖也亦有火瑞以火紀事名百官也共工氏以水紀故為水師而水名注云共工以諸侯霸有九州者在神農前太皥後亦受水瑞以水名官也大皥氏以龍紀故為龍師而龍名注云大皥伏羲氏風姓之祖也有龍瑞故以龍命官也我高祖少皥摯之立也鳳鳥適至故紀於鳥為鳥師而鳥名又云鳳鳥氏歷正之類又以五鳥五鳩九扈五雉並為官長亦皆有屬官但無文以言之若然則自上以來所云官者皆是官長故皆云師以目之

又云自顓頊以來不能紀遠乃紀於近是以少皞以前天下之號象其德百官之號象其徵顓頊以來天下之號因其地百官之號因其事事即司徒司馬之類是也若然前少皞氏言祝鳩氏爲司徒者本名祝鳩言司徒者以後代官況之自少皞以上官數略如上說顓頊及堯官數雖無明說可略而言之矣案昭二十九年魏獻子曰社稷五祀誰氏之五官蔡墨對曰少皞氏有四叔曰重曰該曰脩曰熙實能金木及水使重爲句芒該爲蓐收脩及熙爲玄冥世不失職遂濟窮桑此其三祀也注云窮桑帝少皞之號也顓頊

頊氏有子曰犂為祝融共工氏有子曰句龍為后土此其二祀也后土為社稷田正也有烈山氏之子曰柱為稷自夏以上祀之周棄亦為稷自商以來祀之故外傳犂為高辛氏之火正此皆顓頊時之官也案鄭語云重犂為高辛氏火正故堯典注高辛氏之世命重為南正司天犂為火正司地以高辛與顓頊相繼無隔故重犂事顓頊又事高辛若稷契與禹事堯又事舜是以服十七年服注顓頊之下云春官為木正夏官為火正秋官為金正冬官為水正中官為土正高辛氏因之故傳云遂濟窮桑窮桑顓頊所居是

度顓頊至高辛也若然高辛時之官唯有重黎及春
之木正之等不見更有餘官也至於堯舜官號稍改
楚語云堯復育重黎之後重黎之後即羲和也是以
堯典云乃命羲和注云高辛之世命重為南正司天
黎為火正司地堯育重黎之後羲氏和氏之子賢者
使掌舊職天地之官亦紀於近命以民事其時官名
蓋曰稷司徒是天官稷也地官司徒也又云分命羲
仲申命羲叔分命和仲申命和叔使分主四方注仲
叔亦羲和之子堯既分陰陽四時又命四子為之官
掌四時者字曰仲叔則掌天地者其曰伯乎是有三

讓

官案下驩兜曰共工注共工水官也至下舜求百揆
禹讓稷契暨咎繇帝曰棄黎民阻飢汝后稷播時百
穀注稷棄也初堯天官為稷又云帝曰契百姓不親
汝作司徒又云帝曰咎繇汝作士此三官是堯時事
舜因禹讓述其前功下文云舜命伯夷為秩宗舜時
官也以先後參之唯無夏官之名以餘官約之夏傳
云司馬在前又後代況之則羲叔為夏官共工通稷
與司徒是六官之名見也鄭玄分陰陽為四時者非
謂時無四時官始分陰陽為四時但分高辛時重黎
之天地官使兼主四時耳而云仲叔故云掌天地者

其曰伯乎若然堯典云伯禹作司空四時官不數之
者鄭云初堯冬官為共工舜舉禹治水堯知其有聖
德必成功故改命司空以官名寵異之非常官也至
禹登百揆之任捨司空之職為共工與虞故曰垂作
共工益作朕虞是也案堯典又云帝曰疇咨若時登
庸鄭注云堯末時羲和之子皆死庶績多闕而官廢
當此之時驩兜共工更相薦舉下又云帝曰四岳湯
湯洪水有能俾乂鄭云四岳四時之官主四岳之事
始羲和之時主四岳者謂之四伯至其死分岳事置
八伯皆王官其八伯唯驩兜共工放齊鯀四人而已

其餘四人無文可知案周官云唐虞稽古建官惟百
内有百揆四岳則四岳之外更有百揆之官者但堯
初天官為稷至堯試舜天官之任謂之百揆舜即眞
之後命禹為之即天官也案尚書傳云惟元祀巡狩
四岳八伯注云舜格文祖之年堯始以羲和為六卿
春夏秋冬者并掌方岳之事是為四岳出則為伯其
後稍死驩兜共工求代乃置八伯元祀者除堯喪舜
即眞之年九州言八伯者據畿外八州鄭云畿内不
置伯鄉遂之吏主之案明堂位云有虞氏官五十夏
后氏官百殷二百周三百鄭注云有虞氏官蓋六十

夏百二十殷二百四十周三百六十不得如此記也
昏義云三公九卿二十七大夫八十一元士鄭云蓋
夏制依此差限故不從記文但虞官六十唐則未聞
堯舜道同或皆六十并屬官言之則容有百故成王
周官云唐虞建官惟百也若然自高陽已前官名略
言於上至於帝嚳官號略依高陽不可具悉其唐虞
之官惟四岳百揆與六卿又堯典有典樂納言之職
至於餘官未聞其號夏官百有二十公卿大夫元士
具列其數殷官二百四十雖未具顯案下曲礼云大
五官六府六工之等鄭答云殷法至於屬官之號亦

義云為案昏義云三公九卿者六卿并三孤而言元
其三公又下兼六卿故書傳云司徒公司馬公司空
公各兼二卿案顧命大保領冢宰畢公領司馬毛公
領司空別有芮伯為司徒彤伯為宗伯衛侯為司寇
則周時三公各兼一卿之職與古異矣但周監二代
郁郁乎文所以象天立官而官益備此即官號沿革
觀而言也

序周礼廢興　周公制礼之日礼教興行後至幽王
礼儀紛亂故孔子云諸侯專行征伐十世希不失鄭
注云亦謂幽王之後也故晉侯趙簡子見儀習之

礼孟僖子又不識其儀也至於孔子更脩而定之時
已不具故儀礼注云後世衰微幽厉尤甚礼樂之書
稍々廢棄孔子曰吾自衛反於魯然後樂正雅頌各
得其所謂當時在者而復重雜亂者也惡能存甚〔其亡〕
者乎至孔子卒後復更散亂故藝文志云昔仲尼没
微言絶七十二弟子喪而大義乖諸子之書紛散乱
至秦患之乃燔滅文章以愚黔首又云礼經三百威
儀三千及周之衰諸侯將踰法度惡其害己滅去其
籍自孔子時而不具至秦大壞漢興高堂生博士傳
十七篇宣世后倉最明礼戴德戴聖慶普皆其弟子

三家之于學官案儒林傳漢興高堂生傳礼十七篇
而魯徐生善為容孝文時徐生以容為礼官大夫而
瑕丘蕭奮以礼至淮陽太守孟卿東海人也事蕭奮
以授后倉后倉説礼數万言號曰后氏曲臺記授戴
德戴聖鄭云五傳弟子則高堂生蕭奮孟卿后倉戴
德戴聖是為五也此所傳者謂十七篇即儀礼也周
官孝武之時始出秘而不傳周礼後出者以其始皇
特惡之故也是以馬融傳云秦自孝公已下用商君
之法其政酷烈與周官相反故始皇禁挾書特疾惡
欲絶滅之搜求焚燒之獨悉是以隱藏百年孝武帝

始除挾書之律開獻書之路既出於山巖屋壁復入
于秘府五家之儒莫得見焉至孝成皇帝達才通人
劉向子歆校理秘書始得列序著于錄略然亡其冬
官一篇以考工記足之時衆儒並出共排以為非是
唯歆獨識其年尚幼務在廣覽博觀又多銳精于春
秋末年乃知其周公致太平之迹〻具在斯柰遭天
下倉卒兵革並起疾疫喪荒弟子死喪徒有里人河
南緱氏杜子春尚在永平之初年且九十家于南山
能通其讀頗識其說鄭衆賈逵往受業焉衆逵洪雅
博聞又以經書記轉相證明為解逵解行於世衆解

不行兼攬二家爲備多　道闕然衆時所解說近得
其實獨以書序言成王既黜殷命還歸在豐作周官
則此周官也失之矣達以爲六鄉大夫則冢宰以下
及六遂爲十五万家緟千里之地甚謬焉此比多々
吾甚閔之久矣六鄉之人實居四同地故云緟千里
之地者誤矣又六鄉大夫冢宰以下所非者不著又
云多々者如此解不著者多又云至六十爲武都守
郡小少事乃述平生之志著易尚書詩礼傳皆訖惟
念前業未畢者唯周官年六十有六目瞑意倦自力
補之謂之周官傳也案藝文志云成帝時以書頗散

云使謁者陳農求遺書于天下詔光禄大夫劉向校書經傳諸子詩賦向輒條其篇目撮其指意録而奏之會向卒哀帝復使向子歆卒父業歆於是摠群書奏其七略故有六藝七略之屬歆之録在哀帝之時不審馬融何云至孝成皇帝命劉向子歆考理秘書始得列序著於録略者成帝之時蓋劉向父子並被帝命至向卒哀帝命歆卒父所脩者故令父子理則是也故鄭玄序云世祖以來通人達士大中大夫鄭少贛名興及子大司農仲師名衆故議郎衛次仲侍中賈君景伯南郡太守馬季長皆作周礼解詁又云

玄竊觀二三君子之文章顧有竹帛之浮辭其所變
易灼然如晦之見明其所彌縫奄然如合符復析斯
可謂雅達廣攬者也然猶有參錯同事相違則就其
原文字之聲類考訓詁捃秘逸謂二鄭者同宗之大儒
明理于典籍觕識皇祖大經周官之義存古字發疑
正讀亦信多善徒寡且約用不顯傳于世今讚而辨
之廣伸此家世所訓也　其名周禮為尚書周官者
周天子之官也書序曰成王既黜殷命滅淮夷還歸
在豐作周官是言蓋失之矣案尚書盤庚康誥說命
泰誓之屬三篇序皆云某作若干篇今多者不過三

千言又書之所作據時事為辭君臣相詰命之語作
周官之時周公又作立政上下之别正有一篇周礼
乃六篇文異數万終始辭句非書之類難以屬之時
有若茲焉得從諸又云斯道也文武所以綱紀周國
君臨天下周公定之致隆平龍鳳之瑞然則周礼起
於成帝劉歆而成于鄭玄附離之者大半故林孝存
以為武帝知周官末世瀆乱不驗之書故作　論七
難以排棄之何休亦以為六国陰謀之書唯有鄭玄
徧覽郡經知周礼者乃周公致大平之迹故能荅林
碩之論難使周礼義得條通鄭氏傳曰玄以為括囊

大典綱羅衆寡是以周礼大行後王之法易曰神而
化之存乎其人此之謂也　天官冢宰鄭目録云象
天所立之官冢大也宰者官也天者統理万物天子
立冢宰使掌邦治亦所以摠御衆官使不失職不言
司者大宰摠御衆官不主一官之事也　釋曰鄭云
象天者周天有三百六十餘度天官亦摠摂三百六
十官故云象天也云官者亦是管摂為號故題曰天
官也鄭又云冢大宰官也者下注對大宰則云冢者
大之上此不對大宰故云冢大也宰者調和膳羞之
名此冢宰亦能調和衆官故號大宰之官鄭又云不

言司者大宰揔御衆官不主一官之事者此官不言司對司徒司馬司寇司空皆云司以其各主一官不兼群職故言司此天官則兼揔群職故不言司也若然則春官亦不言司者以其祭祀鬼神々々非人所主故亦不言司也其地官鄭云象地所立之官彼言象地実主地事此天官言天直取揔攝為言全無天事天事又並入於春官者言象天自取揔攝為名象地自取掌物為號各取一邊為義理無嫌也　第一者第次也一者數之始也次第之中處一故云第一也鄭氏者漢大司農北海郡鄭沖之孫名玄字康成

注者於經之下自注己意使經義可申故云注也
孔君王肅之等則言傳々者使可傳述若然或云注
或言傳不同者立意有異無義例也
惟
王建國　釋曰自此以下至以為民極五句六官之
首同此序者以其建國設官為民不異故也王者臨
統無邊故首稱惟王明事皆統之於王々既位矣當
擇吉土以建國為先故次言建國於中辯四方正宫
廟之位復體國野自近及遠也　於是設官分職助理
天工衆人取中以為治體列文先後次第應然其實

建国之初當未設官分職也直以作序之意主在設官分職爲民極耳故終言之惟王建国者言惟謂若尚書云惟三月之類皆辭不爲義建立也惟受命之王乃可立国城於地之中必居地中者案尚書康誥云惟三月哉生魄周公初基作新大邑于東国洛鄭注云岐鎬之域處五岳之外周公於政不均故東行於洛邑合諸侯謀作天子之居據鄭此言則文武所居爲非地中政教不均故居地中也案桓二年左氏傳云昔武王克商遷九鼎於洛邑則居洛本是武王之意至成王周公時恐天下爲疑更與諸侯謀定之

二年左氏傳云昔武王克商遷九鼎於洛邑則居洛本是武王之意至成王周公時恐天下為疑更與諸侯謀定之也若然五帝以降堯治平陽舜治安邑唯湯居亳得地中以外皆不得地中而政令均天下治者其時雖不得地中並在五岳之内又以民淳易治故不要在地中以周則不在五岳之内故鄭云岐鎬處五岳之外也　注建立至國焉　釋曰云周公居攝而作六典之職謂之周礼者案礼記明堂位云周公攝政六年制礼作樂頒度量於天下又案書傳亦云六年制礼作樂所制之礼則此周礼也又云而作

六典者下文大宰之職掌建邦之六典天官治典地官教典春官礼典夏官政典秋官刑典冬官事典是六典之職也又云營邑於土中者即召誥云王來紹上帝自服於土中是也又云七年致政成王者明堂位文必七年者洛誥云誕保文武受命惟七年鄭注以文武受命七年而崩周公不敢過其數也又云以此礼授之使居雒邑治天下者此鄭觧周公制礼必兼言建国於洛邑之意案尚書洛誥云周公曰孺子來相宅乱爲四方新辟是使居洛邑也下云惠篤敘無有遘自疾是授以此礼使行之也又案書傳云一

年救乱二年伐殷三年踐奄四年建侯衛五年營成周六年制礼作樂七年致政成王鄭用此文則四年封康叔於衛爲建侯衛案康誥云周公初基作新大邑洛謂初爲基阯之處至五年而營之是以書傳云五年營成周成周與王城同時營則五年營洛邑與孔安國爲營洛邑封康叔制礼作樂同是攝政七年異又引司徒職曰日至之景尺有五寸謂之地中彼先鄭注云土圭之長尺有五寸以夏至之日立八尺之表其景適與土圭等謂之地中今潁川陽城地爲然天地之所合者則礼記郊特牲云天地合万物生

謂天地配合万物以生是也四時交者則尚書云宅
南交孔云夏與春交舉一隅若然則秋與夏交冬與
春交可知也又云風雨之所會者謂若礼記礼器云
風雨時節謂風雨會時也陰陽之所和者謂若昭四
年申豐云冬無愆陽夏無伏陰二氣和順也然則百
物阜安者阜盛也然猶如是〻〻於地中得所致百
物盛安也乃建王国者於百物盛安之處乃王国王
国則洛邑王城是也鄭引此者破賈馬之徒建國為
諸侯国此六官同序皆云建国豈王国未立先建諸
侯国乎明不可也　辨方正位　釋曰謂建國之時

辨别也先須視日景以别東西南北四方使有分别
也正位者謂四方既有分别又於中正宫室朝廷之
位使得正也　注辨别至宫廟　釋曰辨别也此直
訓不釋者司農云别四方義當矣故康成訓之也鄭
司農者鄭衆字仲師但周礼之内鄭康成所存注者
有三家司農之外又有杜子春鄭大夫鄭大夫者鄭
少贛二鄭皆康成之先故言官不言名字杜子春非
己宗故指其名也司農云正君臣之位君南面臣北
面之屬者案易緯乾鑿度云不易者天在上地在下
君南面父坐子伏司農據而言焉玄謂者大略一部

之内鄭玄若在司農諸家上注者是玄注可知悉不
言玄謂在諸家下注者即稱玄謂以别諸家又在諸
家前注者是諸家不釋者也又在諸家下注者或增
成諸家義則此司農云别四方於文不足引考工記
以證之是也或有破諸家者則此司農正位謂正君
臣面位引召誥爲宮室朝廷之位破之是也考工匠
人建國水地以縣者謂水平之法在地曰槷以繩縣
於槷上然後從傍以水望縣即知地之高下而平之
也又云置槷以縣者既平得地欲正其東西南北之
時先於中置一槷恐槷不正先以縣正之槷正覗以

景々謂於槷端自日出晝之以至日入即得景為規識之故云爲規識日出之景與日入之景規之交處即東西正也又於兩交之閒中屈之指槷又知南北正也仍恐不審晝參諸日中之景夜考諸北極之星以正朝夕乃審矣引召誥以下者案召誥惟大保先周公相宅越若來三月惟丙午朏越三日戊申大保朝至于洛卜宅此言越三日戊申者從三月丙午朏々明生之名月三日也則越三日戊申月五日召公至洛汭也又云越三日庚戌大保乃以庶殷攻位于洛汭月七日也越五日甲寅位成月十一日也皆

通本數之也宮室朝廷之位皆成也引之者證正位謂此宮室位破司農爲君臣父子之位以其國家草創下論體國經野理應先定宮廟等位豈有宮廟等位未成先正君臣面位乎又與匠人建國次第不合故鄭依匠人之次及召誥之文爲定宮室之位案左氏莊公傳云水昏正而栽知是十月始興土功今於三月爲洛邑者左氏用十月是尋常法今建王城遠述先君之志是興作大事不可以常法難之也 體國經野 釋曰體猶分也國謂城中也分國城之中爲九經九緯左祖右社之屬經謂爲之里數此野謂

社

二百里以外三等采地之中有井田之法九夫為井
井方一里之等是也　注體猶至之屬　釋曰言體
猶分有謂若人之手足分為四體得為分也經謂為
之里數有此據野中而有井方一里之等故經為里
数解之司農云營國方九里已下並冬官考工記匠
人文彼云營國方九里旁三門旁謂四方々三門則
王城十二門々有三道三々而九則九道南北之道
謂之經東西之道謂之緯經緯之道皆九軌又云左
祖右祖者此據中門外之左右宗廟是陽故在左社
稷是陰故在右面朝後市者三朝皆是君臣治政之

處陽故在前三市皆是貪利行刑之處陰故在後也
又言野則九夫爲井此是地官小司徒職文彼云乃
井牧其田野九夫爲井四井爲邑四邑爲丘四丘爲
甸四甸爲縣四縣爲都也井方一里邑方二里丘方
四里甸方八里縣方十六里都方三十二里引彼文
略故云之屬兼之也案載師職云家邑任稍地小都
任縣地大都任畺地若鐵内鄉遂及四等公邑皆爲
溝洫法無此方里爲井之事家邑小都大都三等采
地乃有方里爲井之屬但郊外曰野大摠言耳散文
國外則曰野故鄉大夫職云國中七尺野自六尺是

城外則經中野對国言之謂国外則曰野但鄭據小司徒成文而言　設官分職　釋曰既體国經野此須立官以治民故云設官分職也　注鄭司農至事學　釋曰此謂設天地四時之官即六卿也既有其官須有司職故云各有所職〻謂主也天官主治地官主教春官主礼夏官主政秋官主刑冬官主事六官〻各六十則合有三百六十官〻各有主故云百事舉　以為民極　釋曰百人無主不散則亂是以立君治之君不獨治也又當立臣為輔極中也言設官分職者以治民令民得其中正使不失其所故也

注極中至其所　釋曰極中也爾雅文案尚書洪範云皇建其有極惟時厥庶民於汝極謂皇建其有中之道庶民於之取中案尚書洪範云皇建其有極於下人各得其中不失所也　乃立至邦國　釋曰六官皆云乃立者以作序之由本序設官之意故先云以爲民極次云所設之官故皆云乃立騰上起下之辭也天官冢宰者據下注而言則此言冢宰者據揔攝六職若據當職則稱大宰也使帥其屬案小宰六屬而言則此屬唯指六十官之屬也掌邦治者掌主也言主治則兼六官以其五官雖有教礼政刑事

不同皆是治法也云佐王均邦国者以大宰掌均節
財用故也周礼以邦國連言者據諸侯也單言邦單
言国者多據王国也然不先均王国而言均邦国者
王之冢宰若言王国恐不兼諸侯今言邦国則舉外
可以包内也　注掌主至宰也　釋曰云邦治主
所以治邦国也者此即司農所引大宰職佐王治邦
国一也但司農雖引之不指釋此經邦治故云就足
之司農引論語者欲見天子冢宰兼百官之義言百
則三百六十亦一也且論語言君薨據諸侯言冢宰
百官據天子互言之者欲見天子諸侯君死世子居

喪使大臣聽政同也冢宰大宰者言不異人也　治

官至有二人　釋曰上經所陳立官所掌有異此經

陳官有尊卑多少轉相副貳之事也　言治官之屬者

此爲六十官之首别言治官之屬一句與下六十官

爲目以揔是治官不得惟指此一經至旅下士三十

有二人而已凡官尊者少卑者多以其卑者宜勞尊

者宜逸是以下士稱旅以其理衆事故特言旅也小

宰與大宰同名大小爲異故鄭注礼記王制引此六

卿下中大夫十二人爲十二小卿以其宰夫是大宰

之考謂若地官之考爲鄉師春官之考爲肆師夏官

之考為軍司馬秋官之考爲士師冬官之考爲匠師
以其掌事不與大官同故異大官也宰者調和之名
夫者治也以其治此一官所主事也　注變冢至爲
差　釋曰變冢言大者上唯云冢宰此唯云大宰是
變冢言大也云進退異名者即百官摠焉謂貳王治
事摠攝三百六十官則謂之冢是進退異名也列職于
王則謂之大者不摠百官與五卿並列各自治六十
官則退異名也若然摠百官則稱冢以其天官象天
覆万物案經大宰職曰凡邦之小治冢宰聽之是專
国小治而稱冢也司書職曰掌六典八法八則之貳

以詔王及冢宰是貳王事揔衆職而稱冢也又宰夫
職曰乘其財用之出入凡失財用物辟名者以官刑
詔冢宰而誅之是揔衆誅賞而稱冢也又司會職曰
以周知四國之治以詔王及冢宰廢置是揔四國之
治而稱冢也若王當官不兼他職則言大者謂若下
文大喪贊贈玉含玉賓客贊玉凡玉爵祀五帝則涖
卜如此之類與諸官並有事則稱大也云冢大之上
也者以其大宰與五官同名大今又别稱冢是冢在
大之上也又引爾雅山頂曰冢者欲見山則大矣冢
又在頂證冢在大上之意也又云旅衆也下士治衆

事者欲見尊官逸卑官勞之意也又云自大宰至旅
下士轉相副貳皆王臣也者大卿一人小卿則二人
已下皆去上一倍者是轉相副貳也言王臣者自士
以上得王簡策命之則為王臣也對下經府史胥徒
不得王命官長自辟除者非王臣也又云王之卿六
命其大夫四命者典命文大夫無中下之别案序官
則有中下大夫則四命大夫自分為中下似若侯伯
同七命子男同五命爵則有高下不同也士以三命
參差但典命直見公卿大夫命者欲見有出封之事
故彼云其出封皆加一等士爵卑無出封之理故不

言也彼士之命數既不言知三命以下者正見序官
有上士中士下士三等典命除六命四命無三命二
命一命鄭則約之上士為三命中士為再命下士為
一命若然王朝三公八命卿六命大夫四命皆為陰
爵以待出封為諸侯乃為陽爵九命七命五命士既
不得出封故在王朝有三命一命亦為陽爵無嫌也
府六人史十有二人　釋曰府治府藏史主造文
書也　注府治至辟除　釋曰案下宰夫八職云五
曰府掌官契以治藏六曰史掌官書以賛治故鄭云
府治藏史掌書又云官長所自辟除者官長謂一官

之長若治官六十其下府史皆大宰辟召除其課役而使之非王臣也周礼之内府史大例皆府少而史多而府又在史上唯有御史百有二十人特多而在府上鄭云以其掌贊書數多也又有府兼有史以其當職事繁故也或空有史而無府者以其當職事少得史即足故也至於角人羽人等直有府無史以其當職文書少而有税物須藏之故直有府也腊人食醫之等府史俱無者以其專官行事更無所須故也周礼之内唯有天府一官特多於史以其所藏物重故也　胥十有二人徒百有二十人　釋曰胥有才

智為什長徒給使役故一胥十徒也　注此民至什
長　釋曰案下宰夫八職云七曰胥掌官叙以治叙
八曰徒掌官令以徵令鄭云治叙次序官中如今侍
曹伍伯傳吏朝也徵令趨走給召呼案礼記王制云
下士視上農夫食九人祿足以代耕則府食八人史
食七人胥食六人徒食五人祿其官並亞士故號庶
人在官者也鄭云若今衞士者衞士亦給徭役故舉
漢法況之又云胥讀如諝謂其有才智為什長者案
周礼之內稱胥者多謂若大胥小胥々師之類雖不
為什長皆是有才智之稱彼不讀從諝從此讀可知

知唯有追胥々是伺捕盜賊非有才智也易歸妹六
三以須注云須才智之稱天文有須女屈原之姉名
女須彼須字此與胥音蓋古有此二字通用俱得為
有才智也周礼上下文有胥必有徒胥為什長故也
腊人之類空有徒無胥者得徒則足不假長帥故也
食醫之類胥徒並無者以其專官行事不假胥徒也
宮正　釋曰上大宰至旅下士揔馭群職故為上
首自此宮正已下至夏采六十官隨事緩急為先後
故自宮正至宮伯二官主宮室之事安身先須宮室
故為先也自膳夫至腊人皆供王膳羞飲食饌具之

事人之處世在安與飽故食次宮室也自醫師已下至獸醫主療疾之事有生則有疾故醫次食饌也自酒正至宮人陳酒飲肴羞之事醫治既畢須酒食養身故次酒肴也自掌舍至掌次安不忘危出行之事故又次之自大府至掌皮並是府藏計會之事既有其餘理須財積或出或內宜計會之故相次也自內宰至屨人陳后夫人已下內教婦功婦人衣服之事君子明以訪政夜以安息故言婦人於後也夏采一職記招魂以其死事故於末言之也此宮正并下宮伯雖俱訓為長其義則異若宮正則主任王宮卿大

夫士之身故為宮中官之長故其職云以時比宮中
之官府故宮伯所掌者亦掌之故言正長也宮伯云
長者直主宮中卿大夫士之適子庶子行其秩敘授
其舍次之事亦得為長故云伯長也宮正上士二人
為官首中士四人為之佐下士八人理衆事府二人
主藏文書也史四人主作文書胥四人為什長徒四
十人給徭役諸官體例言府史胥徒之義皆然不可
文々重釋他皆放此周礼之内宗伯之類諸言伯者
皆長也以尊長為名縣師之類言師者皆取可師法
也諸稱人者若輪人車人腊人鼈人之類即冬官鄭

云其同某人者以其事名官言氏者有二種謂若挑氏為劒築氏為削之類鄭注冬官族有世業以氏名官若馮相氏保章氏師氏保氏之類鄭注引春秋官有世功則有官族是也諸稱司若司裘司市之類言司者皆是專任其事々由於己故以司言之也諸典婦功典絲典枲之類言典者出入由己課彼作人故謂之為典也諸稱職者謂若職幣職内職歲財不久停職之而已凡云掌者有三義一者他官供物已則暫掌之而已若幕人供帷幕幄帟掌次張之也二則掌徵歛之官若掌皮掌染草之類是也三者掌非已

所為則掌節掌固掌疆事非已造廢壞裒修之而已也
内外不稱典司藏掌者皆是逐事之名以義銓之可
曉也凡六官序官之法其義有二一則以義類相從
謂若宮正宮伯同主宮中事膳夫庖人外内饔同主
造食如此之類皆是類聚群分故連類序之二則凡
次序六十官不以官之尊卑為先後皆以緩急為次
第故此宮正之等士官為前内宰等大夫官為後也
膳夫　注膳之至膳夫　釋曰言膳夫食官之長
者謂與下庖人内外饔亨人等為長也　司農引詩云
者是小雅刺幽王詩膳夫仲允為之引證與此膳夫

為一事也　庖人　注庖之至物賈　釋曰言庖者
今之廚轉作包　者欲取庖人主六獸六禽以供庖廚
有裹肉之意也又云裹肉曰包苴者詩云野有死麕
白茅包之禮記内則云炮取豚若將編萑以苴之皆
是裹肉之物故云裹肉曰包苴也　又云賈市買知物
賈者下文九職鄭注行曰商處曰賈々乃在市而處
者故知物賈此特有賈人者庖人牲當市之故也
内饔　注饔割亨至在内　釋曰饔和也熟食曰饔
熟食須調和故號曰饔其職云掌王及后世子之割
亨割亨則須煎和故云割亨煎和之稱又云所主在

内者以其掌王及后世子及宗廟皆是在内之事
外饔　注外饔至在外　釋曰案其職云掌外祭祀
及邦饗孤子耆老割亨皆是在外之事故　云所掌在
外也此饔有内外可對故云内外饔至於内掌内豎
内司服自掌婦人之事而稱内不對外為名也　亨
人　注至為外内饔爨内者　釋曰其職云給外内
饔爨亨事故云為外内饔爨者内也甸師　注郊外至之
長　釋曰案載師云任近郊遠郊之地次即云公邑
之田任甸地甸地即在百里遠郊外天子藉田又在
南方甸地故稱此官為甸師也然此官主地事不在

地官者以其供野之薦又給薪蒸以供亨餁故在此次亨人也又云主供野物官之長或云與地官掌葛掌炭掌蜃委人等同掌供野物故與彼官為長若然彼屬地官此屬天官越分相領恐理不愜此甸師當與下獸人已下亦供野物為長也故下數職注不言長明甸師與之為長但獸人等中士此為下士一下士得與中士為長者如大史下大夫內史中大夫鄭云大史〻官之長彼下大夫與中大夫為長此下士亦與中士為長有何嫌也徒三百人特多者天子籍田千畝藉借此三百人耕耨故多也 獸人 釋曰案

其職云掌罟田獸狼夏獻麋供膳羞故在此也　獻人　釋曰案其職云掌以時獻爲梁春獻王鮪亦供魚物故在此也徒亦三百人者馬融云池塞苑囿取魚處多故也　鼈人　釋曰案其職云祭祀供蠯蠃蚳亦是供食物故在此也　腊人　釋曰注腊之言夕也乾肉腊朝曝於夕乃乾故云腊之言夕或作久字夂乃乾成義亦通也以其供脯腊膴胖食物故亦在此色也　醫師　釋曰案其職云掌醫之政令聚毒藥以供醫事諸醫皆在此者醫有齊和飲食之類故設在飲食之間也　食醫　釋曰其職云春多酸

夏多苦之等皆須齊和與藥同故鄭云食有和齊藥之類故在醫官之内也

疾醫

釋曰案其職云掌養万民之疾病故連類在此

瘍醫

案其職云掌腫瘍潰瘍之等故亦連類在此

注瘍創癰也

釋曰案礼記上曲礼云頭有創則沐身有瘍則浴案其職有腫瘍等四種之瘍注潰則未必有膿也故亦連類在此也

獸醫

注獸牛馬之屬

釋曰案爾雅在野曰獸在家曰畜今獸異矣而言獸牛馬者但此職云主治牛馬未必治其野獸而以牛馬為獸者對文則畜獸異散文通故爾雅又云兩足而羽謂之禽

四足而毛謂之獸獸既不别釋畜則獸中可以兼牛馬
是其牛馬亦有獸稱故云獸牛馬也　酒正　釋曰
案其職云掌酒之政令以式法授酒材與膳夫相將
故在此　注酒正云　釋曰此酒正與下酒人漿人
為長注雖不言其文略也　酒人　釋曰奄十人以
其與女酒及奚同職故用奄人奄不稱士則此奄亦
府史之類以奄為異也言女酒三十人則女酒與奚
為什長若胥徒也奚三百人以其造酒故須人多也
注奄精氣閉藏至宦女　釋曰案月令冬三月皆
云其氣閟以奄獨引仲冬者以其十一月一陽爻生

以其奄人雖精氣閉藏猶少有精氣故也又云女酒
女奴曉酒者云云鄭依秋官司厲從坐男女沒入縣
官爲奴則奴者男女同名以其曉解作酒有才智則
曰女酒其少有才智給使者則曰奚下云曉者謂曉
解當職之物不復重釋之也侍史官婢舉漢法言之
又云或曰官女者漢時有此别號案左氏晉惠公之
女名妾稱爲宦女謂宦事秦公子亦云宦女也　漿
人　釋曰漿人在下者案其職云掌供王之六飲入
于酒府飲是酒類故在此也　凌人　釋曰凌人在
此者案其職云掌冰凡外内饔之膳羞鑑焉以供爲

膳羞故連類在此也　注凌冰至凌陰　釋曰引詩
曰二之日者案詩之所釋謂周之二月夏之十二月
之日鑿冰者謂於深山窮谷固陰沍寒之處於是乎
取之沖々鑿冰之意三之日謂周之三月夏之建寅
之正月納冰於凌陰室中案彼又云四之日其蚤獻
羔祭韭啓冰之時也鄭荅志以夏十二月取冰二月開
冰四月班冰是其常也藏之既晩出之又早晩者建
寅乃藏與此周礼十二月藏冰校一月故出之早者
四月夏之二月出冰與周礼同今幽土寒故納冰可
用夏正月也引之者證凌陰即此冰室為一物也

籩人　釋曰在此者案其職云掌四籩之實亦是薦羞之事故在此也　注竹曰籩至曉籩者　釋曰知竹曰籩者更無異文見竹下為之即知以竹為之故云竹曰籩也　醢人　釋曰案其職云掌四豆之實亦是薦羞故在此也　注醢豆醢者　釋曰云不謂之豆者決上籩人不以籩中之實為名而以籩為官號此即以豆中之實為官號不謂之豆人此是問辭鄭還自荅豆不盡於醢者其豆之所盛非止此職中四豆之實而已天子豆百二十上公豆四十侯伯豆三十二子男豆二十四上大夫二十下大夫十六彼有

腳臐膮胾炙膾之屬其數甚多是豆不盡盛醢而已若言豆人恐彼並掌之此醢人惟掌此四豆之實而已故不得言豆人而言醢人也　醯人　釋曰醯人在此者案其職云掌供五齊七菹以供醯物則與醢人職通醢人惟主作醢但成者菹必須醯物乃成故醯人兼言齊菹而連類在此也　鹽人　釋曰在此者案其職云掌鹽之政令以供百事之鹽々所以調和上食之物故亦連類在此也　冪人　釋曰冪人在此者案其職云掌供巾冪所以覆飲食之物故次飲食後　宮人　釋曰宮人在此者案其職云掌王之

六寢之脩又供王休浴埽除之事是安息王身故在此也　掌舍　釋曰云在此者案其職云掌王之會同之舍設梐枑再重亦是安王身之事故亦在此　注舍行所解止之處　釋曰案其職云設車宮壇壝宮帷宮之等並是解脫止息之處故云解止之處也

幕人　釋曰在此者案其職云掌帷幕幄帟綬之事亦是安王身之事故在此也　注幕帷覆上者　釋曰案下職中鄭注云在旁曰帷在上曰幕是其幕乃帷之覆上者也　掌次　釋曰在此者案其職云掌王次之法以待張事幕人供之掌次張之故連類

在此也　注次自脩正之處　釋曰案其職云張大
次設重帟重案帟是自脩正故云自脩正之處也
大府　釋曰在此者案其職云掌九貢九賦受其貨
賄之入頒其貨賄于諸府之事案尚書洪範云一曰
食二曰貨已上皆言飲食訖次言貨賄故大府在此
也有買者府官須有市買并須知物貨善惡故也
注大府至農矣　釋曰大府與下諸府官爲長故以
大夫爲之云若今司農矣者漢時司農主府藏故史
游章云司農少府國之淵　玉府　釋曰玉府在此
者案其職云掌王之金玉玩好兵器凡良貨賄之藏

以玉為主故與大府同在此有工八人者以其使攻
玉故也有賈者使辨玉之善惡貴賤故也　注工能
攻玉者　釋曰工謂作工案詩云他山之石可以攻
玉故須工　內府　釋曰內府在此者案其職云掌
九貢九賦九功之貨賄良兵良器故在此也　外府
釋曰外府在此者案其職云掌邦布之出入以共
百事故在此也　注外府主泉藏在外者　釋曰泉
布本是外物無在內府故對內府為外也　司會釋
曰在此者案其職云掌邦之六典八法八則之貳
以逆邦國都鄙官府之治主天下大計貨賄亦須計

會故與大府連類在此也　注會大至尚書　釋曰
言會大計者案宰夫職曰計日成月計曰要歲計曰
會故知會大計也云主天下之大計者其職云逆邦
國都鄙官府是句考徧天下云若今尚書者後之尚
書亦卒大計故舉以況之也　司書　注司書主計會
之簿書　釋曰司書在此者會計之事司書主之故
其職云凡上之用財用必攷于司會故連類在此也
注言簿書者古有簡策以記事若在君前以笏記事
後代用簿々今手版故云吏當持簿々則簿書也
職內　釋曰在此案其職云掌邦之賦入辨其財用之

物而執其總入大府者皆由職內亦有府義故鄭云受藏之府若職內故其職在此也　注若今之泉所入謂之少內　釋曰漢之少內亦主泉所入案王氏漢官解云小官嗇夫各擅其職謂倉庫少內嗇夫之屬各自擅其條理所職主由此　言之少內藏聚似今之少府但官卑職碎以少為名

職歲　釋曰在此者案其職云掌邦之賦出以貳官府都鄙之財出賜之數以待會計而考之揔斷一歲之大計故與同會同在此也

職幣　釋曰在此者案其職云掌式法以斂官府都鄙與凡用邦財者之幣以待上之賜予與

職歲通職故連類在此也若然此三職皆有府義不得名府者以財不久停故也　司裘　釋曰在此者案其職云掌爲大裘并掌皮亦有此府義故在此　掌皮　釋曰在此者案其職云掌秋斂皮冬斂革春獻之亦有府義故連類在此也　内宰　釋曰名内宰者對大宰治百官内宰治婦人之事故名内宰然則大宰不稱外者爲兼統内也　案其職云掌治王内之政令又教后已下婦德之事以王事少暇故次在此也　注内宰宫中官之長　釋曰内宰與下女史已下爲長故鄭云宫中官之長　内小臣　釋曰在

此省案其職云掌王后之命正其服位案夏官大僕
職云出入王之大命正其服位則此小臣侍后職與
與大僕侍王同亦是佐后之事故在此用奄者以其
所掌在內故　注奄稱士者異其賢　釋曰案上閽
人聚人等奄並不稱士則非士也　獨此云以其有賢
行命為士故稱士也案詩巷伯奄官也注云巷伯內
小臣〻〻於宮中為近故謂之巷伯必知巷伯與小
臣為一人者以其俱名奄又言巷亦宮中為近又稱
伯長也內小臣又稱士亦是長義故知一人也　閽
人　釋曰在此者以其掌守中門之禁王宮在此故

亦在此周礼之内有同官别職則此閽人每門及囿
遊同名閽人而職别山虞澤虞云每大澤大山及川
衡林衡亦是别職同官也别官同職者唯有官連耳
注閽人至離宫　釋曰云閽人司昏晨以啓閉者
此釋名閽人之意昏時閉門則此名閽人也晨時啓
門則論語謂之晨人也皆以時事為名耳又云刑人
墨者使守門此秋官掌戮職文鄭彼注云黥者無妨
於禁禦故使守門案其職云掌守中門之禁言中門
唯雉門耳而言每門者彼言中門據有禁守者言之
其實王之五門皆使墨者守之或解以為王有五門

四面皆有中門故言每門義亦通也案礼記云古者
不使刑人守門彼鄭注謂夏殷時公羊云閽殺吳子
餘祭近刑人輕死之道彼據人君加之寵故云近刑
人輕死之道若君有防衛不親近則非近刑人其劓
者使守關以其醜惡遠之不得約彼即以十二門皆
使墨者也詩云昏椓靡共箋云皆奄人彼據后宮門
故使奄者也又云囿御苑者案詩云王在靈囿注所
以養禽獸天子百里諸侯四十里案孟子齊宣王問
孟子云文王之囿方七十里猶以為小寡人囿方四
十里猶以為大何也孟子荅文王之囿芻蕘者往焉

雉兔者往焉與民同之故以爲小不亦宜乎君之囿民殺其麋鹿者如殺人之罪民以爲大不亦宜乎則文王之囿方七十里者大於諸侯小於天子故也白虎通又云天子百里大國四十里次國三十里小國二十里與孟子不同者白虎通細別言之也又云遊離宮者囿是大苑其門皆使閽人守之也此離宮即囿游之獸禁故彼鄭云謂囿之離宮小苑觀處也或以爲游亦謂城郭中與公所爲者也　寺人　釋曰在此者案其職云掌王之内人及女宮之戒令故在此　注寺之言侍也至路寢　釋曰云寺之言侍者

欲取親近侍御之義此奄人也知者見僖二十四年晋文公既入呂郤欲焚公宮寺人披請見公使讓之且辭焉披曰齊桓公置射鉤而使管仲相君若易之行者甚衆豈唯刑臣彼寺人披自稱刑人明寺人奄人也若然寺人既掌内人不掌男子而秦詩云欲見國君先令寺人而掌男子者彼秦仲宣王命作大夫始大有車馬其官未備故寺人兼小臣是以寺人得掌男子詩云寺人孟子者引證經寺人孟子同也又云正内路寢者寺人既不得在王之路寢而云正内五人者謂在后之路寢耳若王之路寢不得稱内以

后宮故以内言之故先鄭下注后六宮前一後五前
一則路寢　内豎　釋曰在此者案其職云掌内外
之通令凡小事故與寺人連類在此也　注豎未冠
者之官名　釋曰春秋左氏傳叔孫穆子幸庚宗婦
人而生牛以為豎官則亦童豎未冠者必使童子為
之者鄭於其職注云使童豎通王内外之命給小事
者以其無與為礼出入便疾也　九嬪　釋曰在此
者以其有婦德其職云掌婦學之法以教九御同是
内宮之官故亦在此　注嬪婦至官職　釋曰引昏
義者彼是周之婦官之數與此經婦人數同故引以

為證案礼記上檀弓云舜葬倉梧蓋三妃未之從鄭注云帝嚳而立四妃象后妃四星其一明者為正妃其三小者為次妃帝堯因焉至舜不告而娶不立正妃但三夫人而已夏后氏增以三々而九為十二人殷人又增以三九二十七合三十九人周人上法帝嚳而立正妃又三二十七為八十一人以增三十九并后合百二十一人其位后也夫人也九嬪也二十七世婦也八十一女御也又云不列夫人于此惟有九嬪已下是無三夫人之數也又云夫人之於后猶三公之於王坐而論婦礼無官職者謂三百六十官

無三公之官案大司徒職云二鄉則公一人鄭注云三公者内與王論道中參六官之事外與六鄉之教又案冬官考工記云坐而論道謂之王公注云天子諸侯然則公中含有三公坐而論道無正職故云中參外與而已三夫人亦然故云坐而論婦禮無官職故不列之也世婦　注不言至則闕　釋曰在此者案其職云掌祭祀賓客喪紀帥女宮而濯摡故亦在此九嬪言數而世婦女御不言數者君子不苟於色有婦德乃充之不言至而云君子者謂君子爲王乃能不苟色也九嬪言數者欲見世婦女御有德乃充

若九嬪無德亦與世婦女御同闕故迴互其文今義兩得見耳　女御　注昏義所謂御妻　釋曰彼不云女御而云御妻猶進也法故引為一物也又云御猶進也侍也者凡后下御皆從后宮進往王寢侍息宴故女御職云掌御叙于王之燕寢是以訓御為進也侍也　女祝　釋曰在此者案其職云掌王后之内祭祀凡内禱祠之事故在此也　注女祝至事者釋曰言女奴曉事謂識文者為之也　女史　釋曰在此者案其職云掌王后之礼職内治之貳亦女奴識文者為之其職與王之大史掌礼同故在此也

典婦功　釋曰在此者案其職云掌婦式之法以授嬪婦及内人女功之事齎故鄭注云典主也典婦功者主婦人絲枲功官之長其職中齎是也云賈四人者以其絲枲有善惡貴賤之事故須賈人也　典絲　釋曰在此者案其職云掌絲入而辨其物頒絲于外内工皆以物授之因婦功亦在此也　典枲　釋曰枲麻也案喪服傳云牡麻者枲麻也則枲是雄麻對苴是麻之有蕡實者也在此者與典婦功亦連類在此也　内司服　釋曰以其掌后已下六服言内司服者非是對春官司服男子服爲内但是男子之

物不言外者在外是其常也故不須言外而外自顯
但以婦人在内故婦ゝ之事多言内若不言内無以
得見婦人之物不與春官司服同處者以從内官之
例故在此有奄一人者以其衣服事多須男子兼掌
以與婦人同處故用奄也　注内司服至色過　釋曰
言主宮中裁縫官之長者謂與下文縫人爲長又云
有女御者以衣服進或當於王廣其礼使無色過者
以此女御還是女奴曉進御衣服者故與女酒女祝
女史同號女也以衣服進謂進衣於王ゝ見之或當
王意廣其礼得與八十一女御同名欲見百二十人

外兼有此女御之礼王合御幸之使王無淫色之過故名女御也　縫人　釋曰在此者案其職云掌王宫縫線之事以縫王及后之衣服故在此也奄二人亦是縫線事多須有男子故也有女御者義同於上也有女工者謂女奴巧者鄭云曉裁縫者也　染人　釋曰在此者案其職云掌染絲帛因婦人衣服故亦連類在此也　追師　釋曰在此者職云掌王后之首服為副編次追衡笄亦因婦人衣服連類在此也　注云追治玉石之名　釋曰詩云追琢其璋々是玉為之則追與琢皆是治玉石之名也若然男子

首服在夏官弁師者以其男子是陽義又取夏時万
物長大々々大乃冠故在夏官此婦人直取首服配
衣故與衣連類在此若然首反處下者以冠履自相
對不與服為先後故不在上也　屨人　釋曰在此
者案其職云掌王及后之服屨故從內官衣服亦連
類在此若然追師專掌婦人首服此屨人兼男子屨
舄在下體賤故男子婦人同在此官也　夏采　釋
曰在此者其職云掌大喪以冕服復于大祖以乘車
建綏復于四郊喪事是終故在末職也　注夏采至
夏采　釋曰案爾雅云伊洛而南素質五采皆備成

章曰翬江淮而南青質五采皆備成章謂之鷂此則夏翟之羽色也又案禹貢徐州云羽畎夏翟是徐州貢夏翟之羽也又云有虞氏以為緌有明堂位云有虞氏之旂夏后氏之緌注云有虞氏當言緌夏后氏當言旂彼據虞氏始有緌故云有虞氏以為緌也又云後世或無有案冬官考工記有鍾氏染羽若有自然鳥羽何須染之乎故云後世或無則據此周時而言也故染鳥羽而用之謂之夏采者夏即五色也此職中注及彼注皆云緌謂注旄於干首不云翟羽者蓋注文不具耳

周禮疏卷第一

周禮疏卷第二

唐朝散大夫行大學博士弘文館學士臣賈公彥等撰

大宰至万民　釋曰自此已下至職末分為二段從此職首至以富得民一段十條明經國之大綱治政之條自正月之吉以下至職末明頒宣前法依事而施言掌建邦之六典者謂大宰總御群職故六典俱建也以佐王治邦国者以六典是王執治邦国王不獨治故云佐王也一曰治典以經邦国至六曰事典皆云邦国者邦國皆謂諸侯之国但治典云經者所以經紀為名故云經教典云安者地道主安故云

云安礼典云和者礼之用和為貴故云和政典云平者司馬主六軍以平定天下故云平刑典云詰者以其刑者所以詰禁天下故云詰事典云富者作事所以富国家故云富也又治典教典云官府礼典已下四典皆云百官者尊天地二官不爲其數故不云百官而云官府也若然六官其屬各六十得稱百官者舉全數故云百官也且天官言治官府地官云教官府夏官云以正百官秋官云刑百官皆依本職而言之至於春官主礼不可云礼百官礼所以統敘万事故云統百官也冬官不可云事百官故變事云任々

謂任使任使即事也又天官主治治所以紀綱天下
故云紀万民也地道主民故云擾万民擾則馴順之
義也春官主礼々所以諧和故云諧万民夏官主政
九畿職方制其貢有貢賦之事故云均万民秋官主
刑々者所以糾正天下故云糾万民也冬官主事作
事者所以生養万民故云生万民也然天子曰兆民
諸侯曰万民此天子之礼不言兆民而言万民者但
兆民據天子而言之今言万民以畿外封諸侯惟有
畿内不封故以畿内據近而言　注大曰邦至邦畜
釋曰周礼凡言邦國者皆是諸侯之國此言大曰

邦小曰國者止據此文邦在上國在下故為此解案儀禮覲禮云同姓大国異姓小邦則邦国大小通也又云邦之所居亦曰國即據王國而言故上云惟王建國匠人營國方九里與典命國家宮是邦之所居亦曰國也又云典常也經也法也者爾雅釋詁云典常也孫氏云礼之常也釋言云典經也又云法者以其經常者即是法式又云王謂之已下鄭所解也云王謂之礼經常所秉以治天下也者凡言經者以經紀天下故王言礼經常所秉以治天下也云邦国官府謂之礼法者凡言法者下法於上故邦國官府謂

之礼法常所守以為法式也云常者上下通名者經據在上法據在下至於王與邦国官府俱有常義故云常者上下通名也又云擾猶馴也者案地官注訓擾為安此言馴不同者馴是順之義順即安義亦通也云統猶合也者統者相統同故為合 詰猶禁也者窮詰即禁止之義也引尚書曰度作詳刑以詰四方此尚書呂刑文是呂侯訓夏贖刑以詳審詰禁四方引證詰為禁之義也云任猶倳也者倳猶立也東齊人物立地中為倳蒯通說范陽令曰天下之人所以不敢倳刃於公之腹者畏秦法也 欲使百官皆立其

功也云生猶養也者若直云生万民則諸官皆生万民彼何異也於義不安故轉爲養冬官主土地所以養民故也云鄭司農云治典冢宰之職者及下教典司徒之職礼典宗伯之職六典皆言之職此並是序官之下次有此文故立其官曰使帥其屬而掌邦治此以下六者皆是六官之首有此文司農揔引以釋六典也云此三時皆有官唯冬無官者謂各六十官唯冬無云無司空者對餘官有大宰司徒宗伯司馬司寇此則無司空卿也云以三隅反之者凡物不圓則方々則四隅既有三隅明有四隅以言既有春夏

秋三時之官明有冬時之官可知則事典司空之職
是也云司空之篇亡者謂六國時亡其時以考工記
代之引小宰職者欲見當有冬官之屬也　以八法
至邦治　釋曰此八法雖不云建亦有建義故鄭注
大史職云六典八法八則冢宰所建以治百官大史
又建焉是也上六典云治邦國此八法云治官府官
府在朝廷之官府也　一曰官屬以舉邦治以下皆
黨言邦據王國而言之言官屬者謂六官各有六十
官之屬也長官有屬官官事得舉故云以舉邦治
一曰官職以辨邦治者謂六官各有職若天官治職

之等官各有職辨別也官事有分別故云以辨邦治也　三曰官聯以會官治者聯即連也一官不能獨共則衆官共舉之然後事得合會故云以會官治四曰官常以聽官治者官常非連事通職各自於當官常職而聽治之故云以聽官治也　五曰官成以經邦治者官成者謂官自有成事品式依舊行之以經紀邦治也　六曰官法以正邦治者官法謂當職所主舊法度將此法度是正邦之治政也　七曰官刑以糾邦治者言官刑非尋常五刑謂官中之刑以糾察邦治　八曰官計以弊邦治者官計謂平治官

府之計也弊斷也謂就計會之中有失者斷之故云弊邦治也此八法皆云邦治官常官職二者不云邦而云官者其官職言官欲取會衆官乃始得治官常言官欲取官有常職各自治其官故二者不言邦而云官也及小宰還從治也　注百官至之治　釋曰言百官所居曰府者欲以官府為一事解與上府史之府别彼府主藏文書此府是百官所居處皆是府聚之義也　鄭司農引官屬六官其屬各六十下引小宰所云者是也云若今博士云屬大常也者司農據漢百官年表漢始叔孫通為奉常後改為大常博

士官刑先鄭謂司刑所掌墨辠劓辠宮辠刖辠殺辠此是正五刑施于天下非爲官中之刑故後鄭不從之也官計謂三年大計郡吏之治而誅賞者此爲三年一考乃一計之此官計每歲計之故後鄭亦不從之玄謂官刑司寇之職五刑其四曰官刑上能糾職是專施于官府之中於義爲當也官計謂小宰之六計所以斷群吏之治群吏之治即是官中之計於義亦當矣故引破司農也　以八則至其衆　釋曰則亦法也以八則治三等采地之都鄙也　一曰祭祀以馭其神者采地之中祭祀宗廟社稷五祀下注云

凡云馭者所以毆之内之於善則於祭祀之中宗廟
先祖則無可去取至社稷配食者若取句龍后稷上
公有功是内之善也　二曰法則以馭其官者法則
謂官之制度〻〻與在官為法則使不僭差亦所以
毆之使入善也　三曰廢置以馭其吏者謂有罪則
廢退之有賢則舉置而賞之亦所以毆人於善也
四曰祿位以馭其士者士謂學士〻〻有賢行學業
則詔之以爵位祿賞亦是毆之於善也　五曰賦貢
以馭其用者采地之民口率出泉為賦有井田之法
一夫之田税入於官〻〻得之節財用亦是使人入善

故云以馭其用也　六曰礼俗以馭其民者俗謂昬姻之礼舊所常行者為俗還使民依行使之入善故云以馭其民　七曰刑賞以馭其威者謂有罪刑之有功賞之使人入善畏威故云以馭其威　八曰田役以馭其衆者謂采地之中得田獵使役於民民皆當不奪農時使人入善故云以馭其衆也據此文則卿大夫得田獵而春秋左氏傳鄭大夫豐巻請田子産不許者彼常田之外臨祭取鮮唯人君耳大夫唯得常田故礼云大夫不掩群亦是常田豐巻亦僭取鮮故子産云唯君用鮮明大夫不合也　注鄭云至學

士　釋曰上言邦國則諸經有邦國別言之者故解
爲大曰邦小曰国此采地云都鄙諸文無或言都或
言鄙別號故鄭云都之所居曰鄙大司徒云凡造都
鄙鄭云其界曰都鄙所居也春秋傳曰遷鄭焉而鄙
留是鄙所居不遷也云則亦法也典法則所用異々
其名也者謂典法則三者相訓其義既同但邦國言
典官府言法都鄙言則是所用處異故別言之其實
義通也云都鄙公卿大夫之采邑者載師職云家邑
任稍地則大夫之采也小都任縣地則六卿之采也
大都任畺地則三公之采也云王子弟所食邑者親

王子母弟與公同處而百里次疏者與六卿同處而
五十里次疏者與大夫同處二十　五里案礼記礼運
云天子有田以處其子孫鄭注中庸云同姓雖恩不
同義必同也尊重其禄位所以貴之不必授以官守
然則王子母弟雖食采也未必則有官有官則依公
卿大夫食邑不假別言也云周召毛聃畢原之屬者
僖二十四年左傳召穆公云管蔡郕霍魯衛毛聃郜
雍曹滕畢原酆郇文之昭也邗晉應韓武之穆也今
鄭直云周召毛聃畢原之屬在畿内者其餘或在畿
外故不盡言也列之者證王子弟有采邑也云祭祀

其先君社稷五祀者案孝經大夫章不云社稷則諸
侯卿大夫也若王子母弟及三公稱諸侯者五廟五
祀三社三稷故云祀先君社稷五祀也云法則其官
之制度者謂宫室車旗衣服之等皆不得僭也云祿
若今月奉也者古者祿皆月別給之漢之月奉亦月
給之故云若今月奉也云位爵次也者言朝位者皆
依爵之尊卑爲次則經云位據立故云爵次也云賦
口率出泉也者下文九職九賦職相繼而言故知賦
即九賦口率出泉也云貢功也九職之功者亦約下
文言九賦上言九職九職任之九賦斂之是以大府

云九賦九功〻〻即九職之功故鄭於此以貢爲功
是九職之功出稅也云礼俗昏姻喪紀者曲礼云君
子行礼不求變俗若不醴醮用酒是其一隅也云鄭
司農云士謂學士者經云祿位以馭其士使進受祿
位故知士學士也　以八柄至其過　釋曰大宰以
此八柄詔告于王馭群臣餘條皆不言詔獨此與下
八統言詔王者餘並群臣職務常所依行歲終致事
乃考知得失此乃王所操持王不獨執群臣佐之而
已故特言詔也言馭者此八者皆是敺群臣入善之
事故皆言馭也　一曰爵以馭其貴者司士云以德〻

詔爵有賢乃受爵是馭之以貴也　二曰禄以馭其
富有司士云以功詔禄々所以富臣下故云以馭其
富　三曰予以馭其幸謂言語偶合于善有以賜予
之故云以馭其幸　四曰置以馭其行者有賢行則
置之于位故云以馭其行　五曰生以馭其福者生
猶養也臣有大勲勞者使子孫享養之是福祐之道
也故云以馭其福　六曰奪以馭其貧者謂臣有大
罪身殺奪其家資故云以馭其貧　七曰廢以馭其
辠者廢放也謂臣有大罪君不忍刑殺放之以遠故
云以馭其辠　八曰誅以馭其過者臣有過失非故

爲之者誅責也則以言語責讓之故云以馭其過也
此經八事自五曰已上皆是善事則大善者在前小
善者在後自六曰已下皆是惡事則大惡者在前小
惡者在後案內史亦言此八柄之事唯一曰爵二曰
祿與此同三曰廢四曰置五曰殺六曰生七曰予八
曰奪文亂與此不同者彼欲見事起無常故所言不
次也又彼變誅言殺欲見爲惡不止則殺之或可見
此過失則圜土之刑人也出圜土則殺之故內史變
誅言殺也且此中爵與祿廢與置皆別文以王德爲
大能明辨之四者設文有別八則中爵祿及廢置皆

共文者以其德小德不能辯故也　注柄所至於
釋曰柄者謂八者若斧斤之柄人所秉執以起事
故以柄言之也云爵謂公侯已下者欲見周法爵及
命士不言孤者卿中含之故考工記云外有九室九
卿朝焉九卿謂三孤六卿是卿中含孤也引詩誨爾
序爵者大雅桑柔詩序是先後次第之言誨教也故
鄭云言教王以賢否之第次也又引書者是尚書洪
範之文云凡厥正人既富方穀者厥其也方道也穀
善也凡其正直之人既以爵祿富之又以善道接之
引之者證以馭其富也云成王封伯禽於魯曰生以

養周公死以爲周公後是也者此並文公十三年公羊傳文彼云周公拜乎前魯公拜乎後曰生以養周公死以爲周公主此云爲周公後不同者鄭以義言之又云五福一曰壽者此亦洪範文引之者證胥臣老養之是五福一曰壽故曰以馭其福也六極四曰貧亦洪範文引之者證大罪奪之家資以馭其貧也云廢猶放也舜殛鯀于羽山者鯀治水九載績用不成殛誅也羽山東裔也云曲礼曰齒路馬有誅者齒謂年之路馬君之所乘馬輒年之則有誅責引之者證誅爲言語責之非有刑罪也　以八統詔王馭萬

牽

民　釋曰鄭云統所以合牽以等物也此八者民與在上同有物事也謂牽下民使與上合皆有以等其事上行之下效之也故以万民為主也　一曰親々者君與民俱親九族之親　二曰敬故者君與民皆須恭敬故舊朋友　三曰進賢者有賢在下君當招之民當舉之是君民皆進賢也　四曰使能者下有技能君民共舉任之　五曰保庸者保安也庸功也有功者上下俱賞之以禄使心安也　六曰尊貴臣有貴者君民共尊敬之　七曰達吏者吏勤勞在民間在下位不能自達者進之於上而用之也　八曰

礼賓者天子待朝聘之賓在下皆當礼於賓客此八
者先親々後賓客亦是先後之次也　注統所至善
鄰　釋曰云親々謂若堯親九族也者堯典云克明
俊德以親九族則堯能任用俊德之賢以自輔乃能
親九族上至高祖下及玄孫之親旁及五服民亦效
之而親九族也云敬故不慢舊也引晏平仲久而敬
之者謂他人久敬平仲由平仲敬於他人善在平仲
故親々引堯敬故引平仲欲見上下通有是以伐木
詩是文王敬故也云賢有善行也能多才藝案鄉大
夫云興賢者出使長之興能者入使治之是賢有六

德六行者能者直六藝而已云尊貴尊天下之貴者
者謂天下有貴皆尊之云孟子曰天下之達尊者三
謂三者天下通達行之三者即爵德齒也爵即經云
賢者爲大夫能者爲士皆是用德爲爵證經任賢能
也云齒也者謂若黨正飲酒之礼六十已上在堂上
以齒此連引之於經無所當也云祭義曰先王之所
以治天下者五貴有德者即舉賢者也貴々即尊貴
也貴老敬長慈幼者三者於經無所當亦連引之年
云達吏察舉勤勞之小吏也者小吏在民閒謂若比
長閭胥之等雖小吏堪任大官故察舉用之云礼賓

賓客諸侯者謂若大行人上公侯伯子男之礼皆為
等級以礼之是賓客諸侯也云所以示民親仁善鄰
者親仁善鄰左氏隱公六年陳五父之辭親仁善鄰
則當礼賓故引以證礼賓也丿 以九至執事 釋曰
此九者皆是民之職業故云任万民也 一曰三農
生九穀者言三農謂農民於原隰及平地三處營種
故云三農生九穀也 二曰園圃毓草木者此園即
載師所云場圃任園地謂在田畔樹菜蔬果蓏者故
云毓草木也 三曰虞衡作山澤之材者謂在山澤
之民所作事業材木而已 四曰藪牧養蕃鳥獸

者謂在藪牧之民事業使之長養蕃滋飛鳥走獸而已　五曰百工飭化八材者謂百種巧作之工所為事業變化八材為器物而飾之而已飭勤也勸力以化八材　六曰商賈阜通貨賄者謂商賈之家所為事業通貨賄使之阜盛　七曰嬪婦化治絲枲者嬪婦謂國中婦人有德行者治理變化絲枲以為布帛之等也　八曰臣妾聚斂疏材者謂男女貧賤號為臣妾者所為事業聚斂百草根實而已　九曰閒民無常職轉移執事者其人為性不營已業為閒民而奴與人傭賃非止一家轉移為人執事以此為業者

耳　注任猶至曰鏤　釋曰云任猶傳也者傳謂立
也使民之業得之云鄭司農云三農平地山澤也者
以其積石曰山水鍾曰澤不生九穀故後鄭不從之
也云九穀黍稷秫稻麻大小豆大小麥者此九者後
鄭以為無秫大麥而有粱苽入材云珠曰切之下並
爾雅文皆是治器用之名也然今爾雅云骨曰切者
蓋司農讀爾雅本作珠也云玄謂三農原隰及平地
者爾雅高平曰原下溼曰隰原及平地可種黍稷之
等隰中可種稻麥及苽也云九穀無秫大麥而有粱
苽者以秫為赤粟與稷黏疏為異故去之大麥所用

處少故亦去之必知有粱苽者下食醫云凡膳食之
宜有犬宜粱魚宜苽故知有粱苽也且前七穀之中
依月令麥屬東方黍屬南方麻屬西方豆屬北方稷
屬中央故知有黍稷麻豆麥稻與小豆所用處多故
知有稻有小豆也必知有大豆者生民詩云藝之戎
菽戎菽大豆后稷之所殖故知有大豆也云樹果蓏
曰圃園其樊者案漢書食貨志云田中不得有樹用
妨五穀環廬樹桑麻菜茹瓜瓠果蓏應劭曰木曰果
草曰蓏張晏曰有核曰果無核曰蓏臣瓚曰木上曰
果地上曰蓏劭與瓚義同晏獨異也案載師云場圃

任園地則圃在園中故鄭云樹果蓏曰圃園其樊是以詩云折柳樊圃謂與圃爲樊〻其蕃蔽也云虞衡掌山澤之官主山澤之民者案地官掌山澤者謂之虞掌川林者謂之衡則衡不掌山澤而云虞衡作山澤者欲互舉以見山澤兼有川林之材也鄭既云虞衡掌山澤之官復云山澤之民者欲見虞衡是官非出税之人以山澤之民無名號故借虞衡之官以表其民所任者任山澤之万民山虞之官非是以任出税之物但主山澤之民也云澤無水曰藪者地官澤虞云大澤大藪〻澤别言詩云叔在藪火烈具舉藪若

有水不得田獵故知澤無水曰藪也云牧今田在遠
郊知者見載師云牧田當田任遠郊之地云皆畜牧
之地者謂藪牧皆是畜牧之地案載師職鄭注牧田
畜牧者之家所受田也非畜牧之地此解違者但牧
六畜之地無文鄭約與家人所受田處即有六畜之
地故云在遠郊也云行曰商處曰賈者諸官之下有
賈人無行法故曰處易復象曰至日閉關商旅不行
是行曰商也云金玉曰貨者案食貨志王莽居攝更
作金銀龜貝錢布之器名曰寶貨是自然之物曰貨
也聘禮曰賄用束紡是人所爲曰賄也若然王制云

錦文珠玉不粥于市此商賈得通之在市者彼據珠玉有錦文者或彼異代禮也案左氏襄十五年宋人獻玉于子罕子罕寘諸其里使玉人為之攻之富而後使復其所服氏云富賣玉得富是其得粥玉也云嬪婦人之美稱也者此是國中婦人有德行故稱嬪引堯典釐降二女嬪于虞者欲見嬪是婦人美稱之義有臣妾男女貧賤之稱者或奴戮之餘亂或皆德之餘子晉衛之男女皆是故引晉惠以釋之也云晉惠已下皆左氏傳僖十七年夏晉大子圉為質于秦云惠公之在梁々伯妻之梁嬴孕過期卜招父與

其子卜之其子曰將生一男一女指曰然男爲人臣女爲人妾及生男曰圉女曰妾注養馬曰圉不聘曰妾後子圉西質妾爲宦女是也此鄭與文異者鄭以以義增之也云疏材百草根實者百草或取根謂若蔆芡之屬或取實謂若榛栗之屬皆是根實可食也云疏不熟曰饉者爾雅云穀不熟爲饑疏不熟爲饉疏穀皆不熟則曰大荒　以九至之賦　釋曰云以九賦斂財賄者此賦謂口率出泉其處有九故云九也既云賦得口率出泉則財賄非泉而云斂財賄者計口出泉無泉者取財賄以當筭泉之賦故云斂財

賄也　一曰邦中之賦者謂國中之民出泉也　二曰四郊之賦者計遠郊百里之内民所用出泉也　三曰邦甸之賦者謂郊外曰甸百里之外二百里之内民所出泉也　四曰家削之賦者謂三百里之内地名削其中有大夫采地謂之家故名家削大夫采地中賦税入大夫家但大夫家采地外其地爲公邑〻〻之内其民出泉入王家故舉家稍以表公邑之民也　五曰邦縣之賦者四百里地名縣有小都賦入采地之主其中公邑之民出泉入王家也　六曰邦都之賦者其五百里中有大都〻〻采地其賦入

主外爲公邑其中民所出泉入王家也　七曰關市之賦者王畿四面皆有關門及王之市廛二處其民之賦口稅所得之泉也　八曰山澤之賦者謂山澤之中財物山澤之民以時入而取之出稅以當邦賦所稅得之物貯之而官未用　人占會取之爲官出息此人口稅出泉謂之山澤之賦也　九曰幣餘之賦者謂爲國營造用物有餘並歸之於職幣得之不入府藏則有人取之爲官出泉此人亦口稅出泉謂之幣餘之賦然關市山澤幣餘不出上六處而特言者以其末作當增賦故也　注財泉至異也　釋曰

知財得為泉者見外府云掌邦布之出入賜予之財
用以此知財中有泉也又知財中有穀者案禮記喪
大記云納財朝一溢米〻即是穀故知財中有穀也
云鄭司農云邦中之賦二十而稅一各有差也者先
鄭約載師園廛二十而一近郊十一遠郊二十而三
故云各有差後鄭不從者以關市山澤幣餘之賦皆
無地稅即上云邦中四郊之等亦非地稅故不從也
云幣餘百工之餘後鄭不從者若是百工之餘當歸
之職幣何有稅乎云云謂賦口率出泉也者案大府
云九貢九賦九功各別又見司會云以九貢致邦國

之財用以九賦令田野之財用以九功令民職之財用貢賦及功各别賦為口泉也是以鄭君引漢法民年二十五已上至六十出口賦錢人百二十以為筭故鄭於此注亦云今之筭泉民或謂之賦此其舊名與又引鄉大夫以歲時登其夫家已下及遂師職有欲見征賦為一皆是口率出泉彼司農為地税也云邦中在城郭已下至五百里此皆約載師所云遠郊甸地削地縣地量地之等遠近之差云此平民也者謂六曰已上皆是平善之民先王以農為本故謂之平民也對七曰已下非農民者為末作也云關市山

澤謂占會百物者謂關上以貨出入有稅物市若泉
府廛布總布之等亦有稅物山澤民人入山澤取材
物亦有稅物此人占會百物爲官出息幣餘謂占賣
国中斥幣斥幣謂此物不入大府指斥出而賣之故
名斥幣云當增賦者謂口率出泉增於工農民故云
若今賈人倍筭矣云自邦中以至幣餘各入其所有
穀物以當賦泉之數者以經云斂財賄財賄即是穀
物取之以當賦泉之數若漢法人百二十云每處爲
一書所待異也者此九賦所得財物給下九式之用
九式用處不同故此九賦分爲九處是以每一處爲

一書以待其出式謂用財之節度是所待異也　以
九至之式　釋曰云以九式均節財用者式謂依當
多少用財法式也　一曰祭祀之式者謂若大祭次
祭用大牢小祭用特牲之類二曰賓客之式者謂若
上公饔餼九牢飧五牢五積之類　三曰喪荒之式
者喪謂若諸侯諸臣之喪含襚贈奠賻賵之類王家
之喪所用大非此所共也荒謂凶年穀不孰有所施
與也　四曰羞服之式者謂王之膳羞衣服所用也
五曰工事之式者謂百工巧作器物之法　六曰
幣帛之式者謂若贈勞賓客也　七曰芻秣之式者

謂牛馬禾穀也　八曰匪頒之式者謂若分賜群臣也　九曰好用之式者燕好所施予也此九者亦依尊卑緩急爲先後之次也　注式謂至賜予　釋曰云荒凶年也者曲礼云歲凶年穀不登是凶年也云羞飲食之物也者謂若膳夫飲用六清食用六穀醬用百有二十甕之類云工作器物者若考工所作器物也云幣帛所以贈勞賓客者謂若司儀職上公三問三勞之等皆有束帛聘礼賄用束紡云芻秣養牛馬禾穀者謂若聘礼饔餼芻禾之等也云玄謂王所分賜群臣者就足司農班賜之義也云好用燕好所

賜予者以其言好則知是燕飲有所愛好自因歡樂則有賜予也　以九貢至物貢　釋曰云致邦国之用者謂此貢諸侯邦國歲之常貢則小行人云令春入貢是也大行人云侯服歲一見其貢祀物彼謂因朝而貢與此别也但諸侯国内得民税大国貢半次国三之一小国四之一所貢者市取當国所出美物則為貢所云厥篚厥貢之類是也　注嬪故至橘柚　釋曰言故書者鄭注周礼時有數本劉向未校之前或在山巖石室有古文考校後為今文古今不同鄭據今文注故云故書作賓此九貢皆是諸侯賓之

所貢不得特以一事爲賓貢〻〻者非也若言嬪貢
謂絲枲堪爲婦人所作是也鄭司農云祀貢犧牲包
茅之屬者案礼記礼器云三牲魚腊九州之美物故
知祀貢有犧牲也案僖公四年齊責楚包茅不入王
祭不共無以縮酒故知祀貢中有包茅云賓貢皮帛
之屬後鄭從嬪不從賓如上釋也云器貢宗廟之器
有大行人因朝而貢者得有成器此歲之常貢不得
有成器故後鄭不從也云幣貢繡帛者禹貢有厥篚
織貝及玄纖縞之等故知幣貢中有繡帛也云材貢
木材也者案禹貢中有惟木故知材貢中有木材也

云貨貢珠貝自然之物也者亦據食貨志爲說云服
貢祭服者後鄭亦不從以大行人因朝而貢有祭服
此歲之常貢不得有成服云斿貢羽毛者亦不從者
以其斿據人宴好不得據旨上生稱故不從也云物
貢九州之外各以其所貴爲摯又引肅慎氏貢楛矢
之屬後鄭不從者以其九州之外世一見無此歲之
常貢之法也云玄謂嬪貢絲枲者絲枲青州所貢此
破先鄭爲賓貢云器貢銀鐵石磬丹漆也者銀鐵梁
州所貢漆兗州所貢石即砺砥荊州所貢磬即泗濱
浮磬徐州所貢云幣貢玉馬皮帛也者禹貢堯時無

貢馬法覲礼諸侯享礼云匹馬卓上九馬隨之周則有之玉即球琳皮即熊羆狐狸並雍州所貢帛即織貝之類揚州所貢此增成先鄭之義云材貢櫄幹栝柏篠簜也者並荊州所貢此亦增成先鄭之義云貨貢金玉龜貝也者亦增成先鄭之義龜出九江荊州所貢玉即球琳亦雍州所貢金即金三品及貝揚州所貢云服貢絺紵也者豫州所貢云斿讀為囿游之游々貢燕好珠璣琅玕也者此破先鄭物上生名為羽毛也珠即蠙珠徐州所貢璣即璣組荊州所貢琅玕雍州所貢云物貢雜物魚鹽橘柚者此亦破先鄭

之義魚即暨魚徐州所貢鹽青州所貢橘柚荊揚所貢已上所貢之物皆據禹貢而言　以九至得民釋曰言邦國即據諸侯及万民而言謂王者於邦国之中立法使諸侯與民相合耦而聯綴不使離散有九事故云以九兩繫邦国之民也　一曰牧以地得民者謂畿外八州之中州別立一州牧使侯伯有功德者為之使統領二百一十国以有一州土地集安万民故云牧以地得民也　二曰長以貴得民者謂一国立諸侯與民為君長是一国之貴民所仰放而民歸之故云以貴得民也　三曰師以賢得民者謂

諸侯已下之教學之官爲師氏以有三德三行使學子歸之故曰以賢得民民則學子是也　四曰儒以道得民者諸侯師氏之下又置一保氏之官不與天子保氏同名故號曰儒掌養國子以道德故云以道得民民亦謂學子也　五曰宗以族得民者謂大宗子與族食族燕序以昭穆故云以族得民民即族人也　六曰主以利得民者主謂大夫宜君政教以利得民民則采邑之民也　七曰吏以治得民者吏在民閒若比長閭胥有以治政之所得民　八曰友以任得民者言以任則非同門之朋友謂在田里之閒

相佐助以相任使而得民即鄰伍聚居者　九曰藪
以富得民者以上八者皆據人而言此一者不據人
而言藪者見民之所居之處利益於人澤藪之中多
有材物以富得民與藪而言則山澤十等皆有材物
民居可知也　注兩猶至材物　釋曰訓兩猶耦者
欲取在上與民相協耦聯綴使不離散也云牧州長
也者礼記王制云二百一十國以爲州有伯今則長
牧
故云牧州長也鄭注下曲礼云選賢侯爲之云九州
各有封域以居民也者詩云帝命式于九圍九圍則
式
九州各有封域疆界也言此者證以地得民云長諸

侯也者對則大夫稱長諸侯稱君今此上言牧下言
長故據諸侯也云師諸侯師氏者此一經皆據諸侯又
經云以賢得民是諸侯師氏也云有德行者師氏職
云以三德三行教國子故知有德行也云儒諸侯保
氏有六藝者以經云以道得民保氏職云掌養國子
以道教之六藝故知諸侯保氏不可同天子之官故
變保言儒々亦有道德之稱也宗繼别為大宗收族
者見禮記大傳云繼别為大宗對繼禰為小宗故云
大又云敬宗故收族々食族燕是所以收族也鄭司
農云主謂公卿大夫世々食采不絕民税傳利之者

乃縣治象之法于雉門象魏使万民共觀治象挾日
者從甲至甲凡十日斂藏之于明堂於後月月受而
行之謂之告朔也　注正月至十月　釋曰知正月
是周之正月者下文乃縣是建寅明上云正月是周
正月知吉是朔日者論語鄉黨云吉月必朝服而朝
是吉謂朔日礼記玉藻云諸侯皮弁聽朔于大廟或云
吉或云朔聽朔在月一日是知吉為朔日也云大宰
以正月朔日布王治之事于天下者言天下即経邦
國都鄙是畿外畿内徧天下即鄉大夫職云正月之
吉受法於司徒退而頒之於其鄉吏是司徒布敎法

從六卿已下出則此大宰布法亦從六卿已下出也
云至正歲又書而縣于象魏者此鄭釋經中乃縣以
知乃縣是正歲建寅之月者下小宰所以佐大宰彼
云正歲縣之與此乃縣爲一事故至正歲縣也鄭知
振木鐸者約小宰而知也云凡治有故言始和者若
改造云爾者上六典已下至九兩因法常定今云始
和似更新其事改造云爾其實不改鄭司農云象魏
闕也者周公謂之象魏雉門之外兩觀闕高魏魏然
孔子謂之觀春秋左氏定二年夏五月雉門災及兩
觀是也云觀者以其有教象可觀望又謂之闕去也

先鄭意以薄税爲利後鄭不從者税法有常故孟子云若輕之於堯舜大貉小貉重之於堯舜大桀小桀是不得有輕重皆以什一爲正何得薄税以利民乎故不從也云玄謂利讀如上思利民之利者謂以政教利之者上思利民忠也此左氏傳隨季良之辭也云吏小吏在鄉邑者謂若比長閭胥或在鄉或在公邑采邑皆是云友謂同井相合耦耡作者鄭意非謂同師曰友正是同在井邑之間共居若里宰職合耦于耡注云合耦使相佐助者也云孟子曰鄉田同井出入相友守望相助疾病相扶則百姓親睦引孟子鄉

田同井者以證友是同井之友但鄉遂爲溝洫不爲井田而云鄉田同井者鄉遂雖不爲井田亦三三相任以出稅與井田同故云同井或解同井水義亦通也云藪亦有虞者地官澤虞職云每大澤大藪中士二人是藪有虞也云掌其政令已下皆澤虞職文云富謂藪中材物者謂有薪蒸蒲葦藪中所有之物也

正月至斂之　釋曰自此已下皆謂施前事條謂建子周之正月言之吉謂朔日也始謂和上六典八法已下之事和訖當月即頒布此治職文書于諸侯邦國鄉大夫都鄙言乃縣者乃緩辭至建寅之正月

仰視治象魏去疑事或解闕中通門是以莊二十一
年云鄭伯享王于闕西辟注闕象魏也案公羊傳云
子家駒謂昭公云諸侯僭天子大夫僭諸侯久矣公
曰吾何僭矣哉子家駒曰設兩觀乘大路何氏云天
子兩觀諸侯臺門則諸侯不合有觀也若然雉門災
及兩觀及礼運云遊於觀之上有觀亦是僭也云故
魯災季桓子御公立于象魏之外命藏象魏曰舊章
不可忘者此哀公三年左氏傳辭案彼桓僖廟災天
火所燒舊章象魏在大廟中恐火連及故命藏之若
然象魏建寅之月縣之十日藏之大廟中季桓子曰

與公立於雉門象魏之外觀舊縣之處故命藏大廟
中象魏列之者證象魏是教象之法又云從甲至甲
謂之挾曰凡十日者破諸家從甲至癸謂之挾通也
若從甲至癸仍有癸日不得通挾故以從甲至甲言
之乃施典邦国至其輔　釋曰上以言六典治邦國
更言施典于邦国故鄭云乃者更申勑之所施者典
則建其牧已下是也建立也每一州之中立一牧立
其監者每一国之中立一諸侯使各監一国設其參
者謂諸侯之国各立三卿傳其伍者謂三卿下各立
五大夫陳其殷者三卿下各陳士九人三九二十七

置其輔者謂三卿下各設府史胥徒　注乃者至官者　釋曰鄭云以侯伯有功德者加命作州長謂之牧者案下曲礼云州牧於外曰侯即是先取侯有功德者爲牧若無賢侯伯亦得從連言侯伯有功德者云加命作州長者以其侯伯七命州牧八命故云加命作州長云所謂　命作牧者案大宗伯職云七命賜国八命作故（牧）是也若殷之牧下天子使大夫三人爲三監至周使伯佐牧不使大夫故詩旄丘序云旄丘責衛伯也鄭云衛康叔之封爵稱侯今曰伯者時爲州伯也周之法使伯佐牧即僖公四年五侯九伯五

侯是州牧九伯是牧下之伯云監謂公侯伯子男各
監一國引書曰王啓監厥亂為民者此是尚書梓材
之篇周公封康叔而勅之辭監是諸侯之義也云參
謂卿三人者案左氏傳杜泄云吾子為司徒夫子為
司馬孟氏為司空則諸侯三卿司徒司馬司空也云
伍謂大夫五人者謂司徒下二大夫一大夫為司徒
大夫一大夫為大宰大夫司空下二大夫一大夫主
司空事一大夫為司寇大夫司馬事有闕一大夫故
五人鄭司農云殷治律輔為民之平也者謂置官主
法律輔為人之平者謂置輔是平斷此先鄭蓋是後

代之法故後鄭易之云玄謂卿衆也謂衆士者
士稱卿與旅同並是衆義故鄭玄謂衆士也又引王
制諸侯上士已下有案彼注大國之士為上次國之
士為中小国之士為下言數各居其上之三分者此
謂盟會之位之序大国之士為上北面前行上九中
九下九次国之士為後行上士當大国之中士中士
當大国之下士〻〻當其空小国之上士當大國之
下士中士當次国之下士下士當其空故云數各居
其上之三分引之為破司農卿為治律云輔府史庶
人在官者破司農輔為民之平若然建立陳置其義

可知其伍　言傳者謂大夫上有卿下有士受上政傳於下受下政傳於上　故獨云傳　乃施至其輔　釋曰上已言八則於都鄙更令施則於都鄙故言乃亦是更申勑之義　建其長謂公卿王子弟爲采邑之主以是一邑之長故言建其長立其兩者謂每采地之中立其兩卿設其伍陳其殷置其輔義與上邦國同　注長謂至兩丞　釋曰云長謂公卿大夫者案典命云三公八命其卿六命其大夫四命案大宗伯云六命賜官彼注王六命之卿賜官者使得自置其臣治家邑如諸侯則此云長唯據公卿已上大夫四

命不合立官此鄭云長謂公卿公卿大夫并言大夫
者以其大夫雖立官不與公卿同亦得稱長是廣解
長義其實大夫不合有兩卿五大夫當與諸侯之卿
同官事當相兼也云王子弟食采邑者謂雖王子弟
食邑與三公同在五百里畺地各百里其次疏者在
四百里縣地各五十里與六卿同已上二者得立兩
卿五大夫之等其次更疏者在三百里稍地各食二
十五里與大夫同不得立兩卿五大夫亦職相兼也
云兩謂兩卿不言三卿者不足於諸侯者以畿外諸
侯南面爲尊故得申而立三卿天子三公六卿雖尊

以其在天子之下故歷而立兩卿不足於諸侯鄭司農云兩謂兩丞者以其兩卿丞副其長先鄭以後代之官況之故云兩丞也此中唯有都鄙無家邑之名故都鄙中含有公卿大夫春官都宗人家宗人都家並有故公卿入都宗人中大夫則入家宗人中以其公卿雖有大都小都之别而同名都故大夫不得都若直有宗稱故在家宗人也至於夏官都司馬家司馬又與家宗人都宗人異故鄭注都司馬唯云三公與王子弟其卿又入家司馬中以其司馬辨尊卑六卿卑又自使其臣為司馬若叔孫氏之名臣鬷戾王

家不為之立司馬故卿入中若然鄙都之内其號
有三若得諸侯之號唯三公王子弟故司裘諸侯熊
侯豹侯卿大夫麋侯是卿不入諸侯也若立臣如諸
侯即此文卿與公同若稱長可及大夫亦此注含大
夫是也　乃施至其輔　釋曰案上官府在都鄙上
此文在都鄙下有欲見都鄙置臣與諸侯同又見諸侯
下亦有都鄙之義故進都鄙在上使文近邦國之下
也已上言八法治官府今更言施法于官府言乃有
亦是更申勑之也而建其正〻長也　亦是一官之長
若大宰之等云立其貳者謂小卿副貳大卿即小宰

之等設其考者考成也佐成事者宰夫之等也殷輔
義與前同　注正謂至其考　釋曰宰夫已下並是
五官之長云司空亡未聞其考者案鄉師云及葬執
纛以與匠師御匶　注云匠師事官之屬其於司空若
鄉師之於司徒若然鄉師是司徒之考則匠師亦司
空之考而此云未聞者彼文以義約之司空考匠師
也無正文故此云未聞也　凡治至之治　釋曰以
其天官主治故以月之六典來以治邦國故云以典
待邦國之治八則來以治都鄙故云以則待都鄙之
治八法來以治官府故云以法待官府之治八成來

以治万民故云以官成待万民之治礼者本以接賓
客故云以礼待賓客之治據上文官成在八法治官
府中今特出之者以其八法治官府中今特出之者
以其八成本待万民不待官府若不特出之則無此
待万民之事在八法官府者欲見官府執行故礼記
云雖能秉国成々則八成也以礼待賓客本在八統
今特見之者以上親々敬故進賢使能保庸尊貴達
吏皆是王行之於朝以示於民使民觀之入善不必
更別有礼唯礼賓特別有礼若聘礼之類也此皆言
以其當別有篇卷使人執持施行之知然者以周礼

六官皆邦國之治則六官掌事不可專邦國故知副
有篇卷但在三百之中云逸也　注成八成至禮也
釋曰八成小宰職掌禮賓禮者若聘禮覲禮掌客
之等是也　祀五至具脩　釋曰祀五帝則掌百官
之誓戒者謂祭前十日已前誓戒百官則大宰掌之
與其具脩者使百官供祭祀之具及脩之埽除也
注祀五至糞洒　釋曰五帝者東方青帝靈威仰南
方赤帝赤熛怒中央黃帝含樞紐西方白帝白招拒
北方黑帝汁光紀依月令四時迎氣及季夏六月迎
土氣於南郊其餘四帝各於其郊并夏正祭所感帝

於南郊故云祀五帝於四郊也鄭云及明堂者揔饗
五帝於明堂依月令秦用季秋鄭云未知周以何月
案下曲礼云大饗不問卜鄭云祭五帝於明堂莫適
卜也彼明堂不卜此下經云帥執事而卜日則此祀五
帝不合有明堂鄭云祭五帝於明堂莫適卜也彼明
堂不卜日則此祀五帝不合有明堂鄭云及明堂者
廣解祀五帝之處其實此處無明堂云誓戒要之以
刑重失礼者言要之以刑則服大刑是也言重失礼
者以失礼者以失礼為重故要之以刑引明堂位彼
在祭祀之下陳之謂祭曰此是未祭前引之者欲見

祭前誓戒還用祭日之辭以勑之故或前或後其辭
同云是其辭之略者謂誓戒之時其辭應多不應唯
有此言故云辭之略也又云具所當供有祭祀之連
事祭祀之具百官共供故云具謂所當供又云脩除
糞洒者案宮人云掌六寢之脩守祧云其廟有司脩
除之是其脩守祧云其廟有司脩除之是其脩埽除
糞洒也　前期至遂戒　釋曰前期者謂祭日之前又
為期云前期十日即是祭前十一日大宰帥宗伯大
卜之屬執事之人而卜日又言遂戒者謂祭前十日
遂戒百官始齊　注前期至始齊　釋曰云前期前

所諏之日者此依少牢所諏之日即祭日也凡祭祀
謂於祭前之夕爲期今言前期十日者明祭前十一
日卜卜之後日遂戒使散齊致齊故云十日容散齊
七日致齊三日案禮記祭統云散齊七日以定之致
齊三日以齊之云執事宗伯大卜之屬者大宗伯職
云凡祀大神享大鬼祭大示帥執事而卜日謂宗伯
涖卜又案大卜云大祭祀視高命龜故知執事中有
宗伯大卜之屬中含有小宗伯及卜師故言之屬但
四時迎氣冬至夏至郊天等雖有常時常日猶須審
慎仍卜日故表記云不犯日月不違卜筮注日月

謂冬夏至正月及四時也　所不違者日與牲尸也　假令不吉改卜後日故箴膏肓云天子郊以夏正上旬之日魯之卜三正下旬之日是雖有常時常日猶卜日也　　及執至滌濯　　釋曰及猶至也謂至祭前夕大宰眡滌濯案春官小宗伯大祭祀眡滌濯大宗伯亦云宿眡滌濯彼二官親眡濯大宰尊亦往之注云執事初為祭事前祭日之夕知者案下經及納亨者是祭日此云眡滌濯儀禮特牲亦云前祭日之夕視壺濯及豆籩士卑得與人君同少牢大夫禮當祭日摡祭器者之夕視壺濯及豆籩士卑得與人君同

少牢大夫礼當祭日概祭器者下人君也注又云注
又云溉謂溉祭器及甑甗之屬知然者案少牢雍
人概鼎匕俎廩人概甑甗司宫概豆籩及勺爵此不
言匕俎豆籩勺爵者之屬中含之 及納至牲事
釋曰及猶至也 至納亨者案礼記明堂位君肉袒迎
牲于門卿大夫贊君及殺訖納與亨人故言納亨
云贊王牲事者即是卿大夫贊幣一人也 注云納
亨至贊之 釋曰云納亨納牲將告殺告殺者謂牽
牲入時也礼器云納牲詔于庭殺訖毛以告純血以
告殺腥其俎肫解而腥之以此訖乃納與亨人爓祭

此言納亨者以牽牲也云謂燭祭之晨者案檀弓云
周人大事以日出故知納亨是燭祭之晨此祭天無
祼故先迎牲若宗廟之祭有祼而後迎牲也云既殺
以授亨人者案亨人職亨人職外内饔之爨亨謂腥其俎
後云凡大祭祀君親牽牲大夫贊之者此明堂位文
彼魯侯用天子礼故還以引證天子法　及祀之
事　釋曰及猶至也至祭日謂質明賛助也執此玉
幣爵之者助而授王也　注日旦至授之　釋曰案
特牲少牢皆質明行事故知旦明云玉幣所以礼神
玉與幣各如其方之色者上云祀五帝以為迎氣於

四郊之等案大宗伯以玉作六器以礼天地四方又
云青圭礼東方赤璋礼南方白琥礼西方玄璜礼北
北方季夏六月迎土氣於南郊亦用赤璋下云牲幣
彼雖幣不是礼神之幣亦云各放其器之色是其礼
神幣與玉亦各如其方色也爵所以獻齊酒者案幂
人云疏布幂八尊八尊者五齊三酒之尊以其祭天
無祼故無彝尊也云不用玉爵尚質也者對下經享
先王用玉爵尚文此祭天不用玉爵故云尚質之云三
者執以從王至而授之者謂至此祀圜丘方澤祭所
而授之王親自執玉幣奠於神坐親酌以獻尸　祀

大至如之　釋曰云祀大神謂冬至祭天於圜丘云祀大祇謂夏至祭地於方澤亦如之者從掌百官誓戒已下贊玉幣爵之事已上皆如祀五帝之禮　注大神至天地　釋曰此天謂大天對五帝為小天此地謂大地對神州之神為小地故云天地也　享先至玉爵　釋曰亦如之下别言贊玉几玉爵則天地不用玉几玉爵其言亦如之者謂亦贊王牲事已上不云大者欲見宗廟六享同然　注玉几至玉爵　釋曰云天子左右玉几者此是司几筵文彼所云者謂王受諸侯朝覲會同所設今此享先王鬼神之几

亦與王平生同故引爲證此享先王有玉几玉爵天
地有爵但不用玉飾祭宗廟用玉几天地亦應有質
几不言之者文不具云宗廟獻用玉爵者案明堂位
獻用玉琖謂王朝踐饋獻酳尸時若祼則用圭瓚也
大朝至玉爵　釋曰諸侯四時常朝不稱大今朝
覲稱大者諸侯爲大會同而來故稱大朝覲贊助也
助王受此玉幣玉獻玉几玉爵也　注助王至阼階
上　釋曰云時見曰會者此大宗伯文案彼注時見
者言無常期諸侯有不順服者其順服者皆來會京
師助王討之故云時見曰會云殷見曰同者亦大宗

伯職文殷猶衆也謂十二歲王不巡狩諸侯衆來同見天子故曰殷見曰同云大會同或於春朝或於秋覲者大會雖無常期當春來即是春朝當秋來即是秋覲當夏來即是夏宗當冬來即是冬遇若大同則有常期春東方六服盡來夏南方六服盡來秋冬可知云舉春秋即冬夏可知者經直云大朝覲不言宗遇有宗遇可知在国行朝礼訖乃皆為壇於国外而命事焉云玉幣諸侯享幣也者諸侯會同皆依四時常朝而春夏受贄於朝受享幣為於廟秋冬一受之於廟受朝既訖乃受享獻国所有珍異其行享之時

亦璧琮加束帛以致之云其合亦如小行人所合六
幣云者案小行人所合六幣圭以馬璋以皮璧以帛
琮以錦琥以繡璜以黼據彼鄭注五等諸侯享天子
用璧以帛享后用琮以錦則圭以馬璋以皮者謂二
王之後享天子用圭以馬享后用璋以皮則琥以繡
璜以黼者子男自相享法但小行人所云者謂四時
常朝不見大朝覲會同法約與四時常朝同無正文
故言之也云玉獻々国珍異亦執玉以致之者謂三
享之外別有獻国珍異亦如三享執玉以致之故言
玉獻謂以玉致獻也云玉几王所依也者謂王所馮

依云立而設几優尊者知立而設几者案司几筵云大饗射凡封国命諸侯王位設黼依ゝ前南鄉左右玉几是立而設几也但春夏受享秋冬一受之於廟廟中則有扆前設几法几為坐設今立而設几故云優至尊也云玉爵王礼諸侯之酢爵者案大行人云上公再祼而酢侯伯一祼而酢子男一祼不酢此祼時大宗伯攝祼非冢宰所贊但諸侯酢王用玉爵則冢宰贊王受之故云贊玉爵云王朝上者言礼之謂祼諸侯是也知王在阼階上者當依賓主之礼案燕礼主君在阼賓在牖户之間故知礼之王在阼階上

也　大喪至含玉　釋曰大喪謂王喪贊〻王為此二
者也　注助王至辟琮　釋曰大喪既是王喪云助
主為之也者謂助嗣王也云贈玉既窆所以送先王
者案既夕士礼既窆謂下棺訖主人贈用玄纁以入
壙王喪雖無文應更有加亦當以玄纁為主也所贈
亦既窆之時也云含玉死者口實者案士喪礼用貝三
鄭注左右齻及中央象齧堅玉含用玉義亦然也又
檀弓云飯用米貝不忍虛也故云口實也云天子以
玉者此云含玉玉府典瑞皆直云含無其物之稱對
大夫已下不用玉其實亦為辟形故引雜記復引先

鄭為辟琮之形也但含玉既死用之贈玉於葬乃用
此文後云含玉者用之則有先後此作文先後無義
例典瑞并云飲玉此不云者文不具也　作大至王
命　釋曰上已云祀五帝及大神祇祭祀大事戒百
官訖則此云作大事戒于百官唯戒事也　注助王
至與戎　釋曰春秋傳者成十三年劉康公成肅公
會諸侯伐秦成子受脤于社不敬劉子曰国之大事
在祀與戎祀有執膰戎有受脤神之大節也今成子
情棄其命矣其不反乎引之者證經大事是戎事連
引在祀耳　王眡至聽治　注治朝至平斷　釋曰

王有三朝必知此是路門外朝者但外朝是斷疑獄之朝路寢庭朝圖宗人嘉事二者並於事簡非正朝故知治朝是路門外司士所掌者也　注謂王至外時　釋曰經云四方聽朝故知巡狩時此鄭據依常者而言征伐外亦有聽朝法以非常法故不言也

凡邦至聽之　釋曰事出冢宰之名者據百揔焉故特云冢宰也　注正々至計也　釋曰言正正處也者經云今百官府各正其治謂正處其所治文書大宰乃受其計會也云會大計者一歲計會即宰夫職云歲計曰會是也　聽其至廢置　釋曰百官致其

治政功狀與冢宰聽斷其所置之功狀文書而詔告于王有功者置之進其爵有罪者廢之退其爵也

三歲至賞之　釋曰三年一閏天道小成則大計會百官群吏之治功文書上計當年已有廢置今三年上大計大無功不徒廢更加罪大有功不徒置更加賞也

注鄭司農云三載考績　釋曰此尚書堯典文彼云三載考績黜陟幽明彼三年一考與此同故引證三歲大計也

周禮疏卷第二

周禮正義　三之四

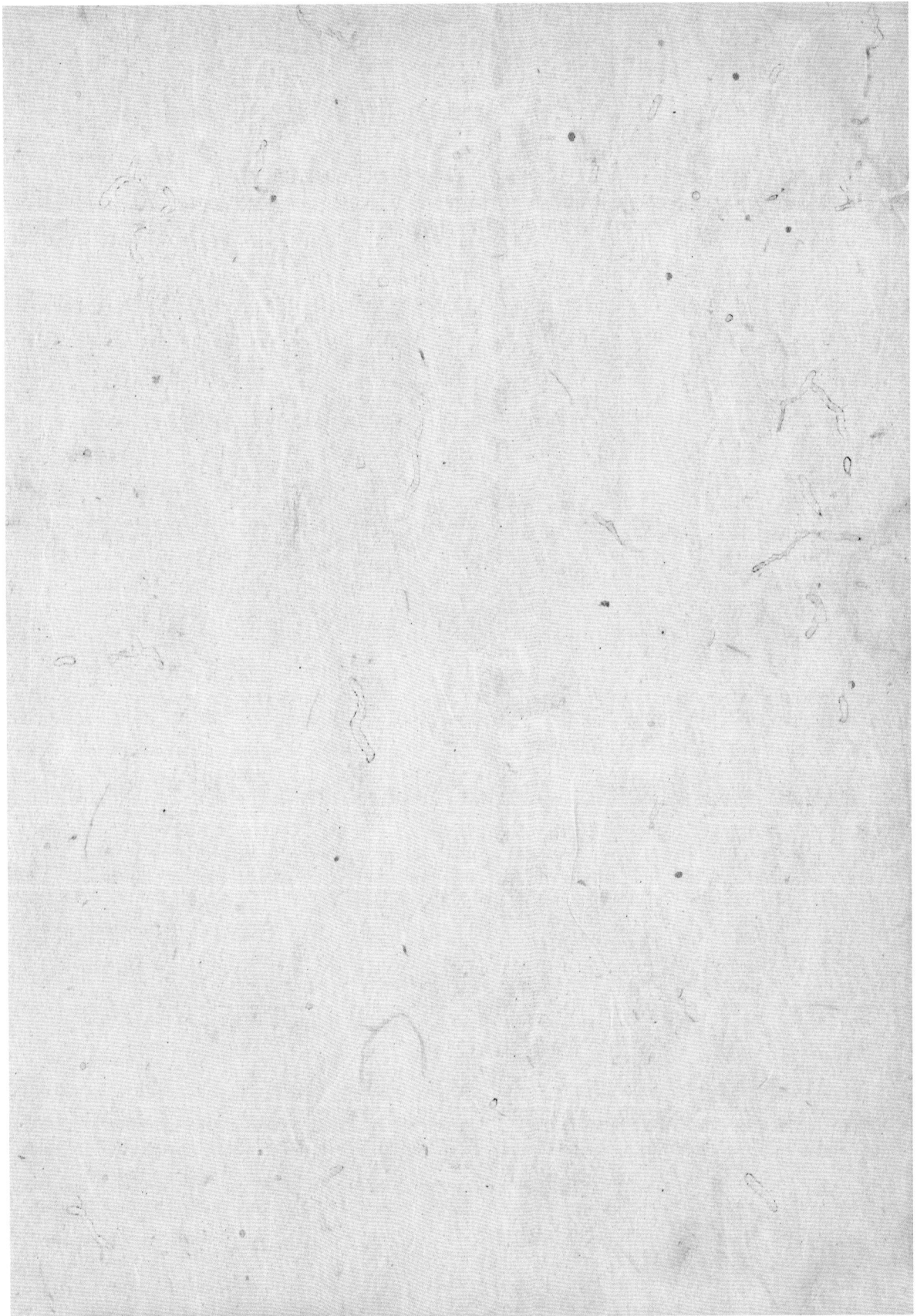

844917
昭和28. 3.31

周禮疏卷第三

唐朝散大夫行大學博士弘文館學士臣賈公彦等撰

小宰至糾禁　注杜子至中丞　釋曰後鄭以宮刑宮中之刑不從子春官刑者見秋官司寇已云四曰官刑此小宰不往貳之則不須重掌又見下文觀治象乃退以宮刑憲禁于王宮故知宮刑明矣云建明布告之者上冢宰尊所云建六典之等為建立之義小宰卑云建者則明布告使知而已云糾猶割也察也者既言糾謂糾舉其非事已發者依法斷割之事未發者審察之云若今御史中丞者應劭云秩千

右朝會獨坐副貳御史大夫內掌蘭臺圖籍外督刺史糾察百寮故舉漢法況之　掌邦至之治　釋曰大宰者以六典治邦国今還以六典逆邦国之治逆謂迎受旬考之也大宰者以八法治朝廷官府今還以灋旬考官府之治大宰本以八則治都鄙今還以八則旬考都鄙之治皆旬考使知功過所在也　執邦之九貢九賦九式之貳以均財節邦用　釋曰此三者並大宰所掌者以其冢宰制國用九貢九賦斂財賄九式用之事之大者故小宰貳之然大宰有九職小宰不貳之者以其九職云任万民小宰若云貳

使亦貳之故不言其實九職　之使之出貢用之則
小宰亦貳之九貢中兼之矣以其九職亦有九貢故
也以均財節邦用者以九式並舊有法式多少不得
增減故云均節也　▲又官至其情　釋曰凡言敘者
皆是次敘先尊後卑各依秩次則羣吏得正故云正
羣吏也　一曰以敘正其位者諸若卿大夫士朝位尊
卑次列　二曰以敘進其治者謂卿大夫士有治職
功狀文書進于上亦先尊後卑也　三曰以敘作其
事者謂有所執掌起事亦先尊後卑也　四曰以敘制
其食者謂制祿依爵命授之亦先尊後卑也　五曰

以敘受其會者謂歲終進會計文書受之亦先尊後
卑也　六曰以敘聽其情者情謂情實則獄訟之情
受聽斷之時亦先尊後卑也　注敘秩次也　釋曰
云秩次者謂尊卑之常各有次敘也　以官至專達
釋曰六屬舉邦治者謂官盛任使之長官必書以
屬官佐之邦治得舉是以六官各有其屬六十故云
官府之六屬舉邦治也　一曰天官謂大宰之官其
屬六十謂宮正至夏采皆掌治職故云掌治也　云大
事則從其長者謂若膳夫鄭注云膳夫鄭注云膳夫
食官之長也則下庖人內外饔亨人有事皆來諮

向膳夫故云大事從其長也小事則專達者謂若宮人掌舍無大事無長官可諮自專行事以下五官皆此類也　注大事至達之　釋曰云大事從其長若庖人內外饔與膳夫共王之食者此並共王食是同事故庖人已下諮膳夫長官也云小事專達者若宮人掌舍直掌王之行設梐枑之等二官並是小事又不立長官行事故云各為一官是專達也鄭直舉天官之內其事顯者各言其一餘官若大府鄭云治藏之長地官司市鄭云市官之長春官大司樂鄭云樂官之長夏官司甲鄭云兵戈盾官之長如此之類甚

事甚多不可具陳也小事則專達天官甚衆亦不可具言也云六官之屬三百六十象天地四時日月星辰之度數者依周髀七曜皆云周天三百六十五度四分度之一舉全數亦得云三百六十也言地則與天配合四時言周天亦是地之數十二月亦是周天之數日々行度月日行十三度十九分度之七日月所行亦在周天之數星辰謂二十八宿十二次亦在周天數内皆不離三百六十五度四分度之一耳天地四時日月星辰之度數所從言之異耳故尚書洪範云五紀一曰歲二曰月三曰日四曰星辰皆爲

言之下以歷數揔結之亦是類也云天道備焉 以
此三百六十官是天道備矣云前此有成王作周官
其志有述天授位之義者鄭依書傳云周公攝政三
年踐奄與滅淮夷同時又案成王周官成王既黜殷
命滅淮夷還歸在豐作周官則成王作周官在周公
攝政三年時周公制礼在攝政六年時故云前此有
謂成王前於此時作周官其志謂成王志意有述天
授位之義即彼周官云唐虞稽古建官惟百夏商倍
之今予小子訓迪厥官以立大師大傅大保茲惟三
公論道經邦燮理陰陽下又云立三孤及天地四時

之官是其志有述天地三百六十官住之義故周公
設官分職法之也此鄭義不見古文尚書故為此解
若孔據古文尚書多士已下並是周公致政後成王
之書周公攝政時淮夷奄與管蔡同作亂成王即政
後又叛成王親征之故云滅淮夷還歸在豐作周官
用人之法則彼周官在此周礼後與鄭義異也　以
官至百物　釋曰云以官府六職辨邦治者六官者
各有職若天官治職地官教職其職不同邦事得有
分辨故云以辨邦治也　一曰治職者謂以平為義
也云以節財用者亦以制国用故也　二曰教職以

安邦国以寧万民安邦国與教典同彼云擾万民此云寧万民不同者上擾爲馴々則寧義無異也云懷賓客者以有委積故賓客懷安也三曰礼職以和邦国以諧万民者此與上礼典同也云以事鬼神者以其主祭祀當職之事也　四曰政職以服邦國以正万民者上政典云平邦国均万民不同者服由平定使之然則服亦平也均與正義亦一也云以聚百物者鄭云司馬主九畿職方制其貢即百物也　五曰刑職以詰邦国以糾万民此與上刑典文同云除盗賊者有寇則罪之盗賊得除故云除盗賊也　六

曰事職以富邦國以養萬民有上事典以生萬民生
則養也與上同此六職不云官府百官與六典不同
者以六職皆當職行事義不及遠故與六典文異也
注懷亦至所有　釋曰教典共其委積者大司徒
下有遺人掌十里有廬廬有飲食之等故云共委積
也云司馬主九畿并列職方者司馬有道主九畿無貢
物之事故列其屬職方也
以官至有聯　釋曰云
以官府之六聯合邦治者謂官府之中有六事皆聯
事通職然後國治得會合故云合邦治也一曰祭祀
之聯事三曰喪荒之聯事此二者鄭注具以其二者

顯著故特言之　二曰賓客之聯事者鄭雖不言案
大宰大朝覲會同贊玉幣玉獻大司徒令野脩道委
積大宗伯朝覲會同則為上相大司寇云凡朝覲會
同前王唯大司馬不見有事司空又亡　四曰軍旅
之聯事者以六軍々將命卿田役亦然且大司徒
云大軍旅大田役以旗致万民大司馬云大師建大
常比軍衆中春教振旅之等　五曰斂弛之聯事者
並大宰任九職九貢九賦司徒制貢小司徒令貢賦
若通數小官則多矣云凡小事皆有聯者謂司關云
掌国貨之節以聯門市之類是也　注鄭司農云家

與　釋曰司農雖釋祭祀及大喪二事皆不言司空
々々云故也大祭祀唯大宰尊不奉牲宗伯不言奉
雞司馬直言奉馬不兼言奉羊司寇不言奉犬皆略
不言可知云杜子春弛讀為施者若依施々是施惠
事不必連若為弛則於事廣矣故後鄭不從之云謂
荒政弛力役者此經二曰喪荒々謂年穀不熟大司
徒有荒政十二其中四曰弛力役謂廩人歲不能人
二釜則令移民就穀是時弛力役也鄉大夫云國中
貴者謂有官爵者賢者謂有德行者服公事者謂若
庶人在官者老者謂國中六十者疾者謂廢疾不堪役

有皆舍不以力役之事也云奉牲者其司空奉豕與
者司空雖亡案五行傳云聽之不聰時則有豕禍豕
屬北方又說卦云坎為豕是豕屬水故知司空奉豕
無正文故云與以疑之也　以官至要會　釋曰以
官府之中有八事皆是舊法成事品式依時而行之
謂此八者經紀國之治政故云經邦治也　一曰聽
政役以比居者八事皆聽者民事爭訟當斷之也政
謂賦稅役謂使役民有爭賦稅使役則以地比居者
共聽之　二曰聽師田以簡稽者稽計也簡閱也謂
師出征伐及田獵恐有違法則當閱其兵器與人并筭

足否　三曰聽閭里以版圖者在六鄉則二十五家
為閭在六遂則二十五家為里閭里之中有爭訟則
以户籍之版土地之圖聽決之　四曰聽稱責以傅
別者稱責謂舉責生子彼此俱為稱意故為稱責於
官於民俱是稱也爭此責者則以傅別券書決之
五曰聽祿位以禮命者謂聽時以禮命之其人策書
之本有人爭祿之多少位之前後則以禮命文書聽
之也　六曰聽取予以書契者此謂於官直貸不出
子者故云取予若爭此取予者則以書契券書聽之
七曰聽賣買以質劑者質劑謂券書有人爭市事

者則以質劑聽之　八曰聽出入以要會者歲計曰
會月計曰要此出入者正是官内自用物有人争此
官物者則以要會簿書聽之　注鄭司農至簿書
釋曰政軍政後鄭不從者若軍政自在大司馬聽之
何得在此辛云比居謂伍籍也者即司徒職五家為
比出軍即五人為伍云因内政寄軍令者謂在家五
家為比五比五比為閭四閭為族五族為黨五黨為州
五州為鄉若出軍則家出一人則還五人為伍是一
比長還為五長領之二十五人為兩是一閭々胥即
為兩司馬領之以此言之至一鄉出一軍々將還是

鄉大夫爲之是因內政寄軍令此管子文彼云作內政司農云因內政者讀字不同云簿稽士卒兵器簿書者士卒謂車別甲士三人步卒七十二人兵器謂弓矢殳矛戈戟皆有簿書故引遂人以證之也云國語曰黃池之會者吳語吳晉爭長吳人令白伏兵甲陳士卒百人爲徹行頭皆官師擁鐸拱稽名籍也先鄭爲計〻謂撿名籍計之義合故引之也云版戶籍者後鄭下注亦云鄉戶籍圖謂民之地圖以證之云責謂貸子者謂貸而生子者若今舉責即地官泉府職云凡民之貸者以國服爲之息若近郊民貸則一年

十一生利之類是也云傅〻著約束於來於文書別
者各得其一二家別釋後鄭不從者各爲券書即是
傅著於文書可知後鄭傅別二字共爲一事解之云
礼命謂九賜也者後鄭不從者九賜之言出自礼緯
含文嘉八命已上乃有九賜此所聽斷何得取八命
已上解之云書契符書也者謂官券符璽之書此據
官予民物何得爲符璽之書解之故後鄭不從也云
質劑謂市中平賈今時月平是也後鄭不從者地官
質人云大市曰質小市曰劑若今月平賈不合有兩
者故不從也云月計曰要歲計曰會者官之出入有

要會傳書計管故引宰夫證之也鄭大夫讀傳別爲符別後鄭不從又云傳別故書作傳辨不從古書也玄謂政謂賦也賦則口率出泉且與役同文皆是利稅之事也云凡其字或作政者此經政役是也或作正者其字或有作正字者或作征者即孟子云交征利及鄉大夫云皆征之是也云征處多故鄭從征也云孟子交征利者案孟子云孟子見梁惠王王曰叟不遠千里而來亦將有以利吾國乎對曰何必曰利亦有仁義而已矣王曰何以利吾國大夫曰何以利吾身上下交征利則國危矣引之以證征是口稅之

法云傳別謂為大手書于一札中字別之者謂於春
背上大作一手書字札字中央破之為二段別之云
書契謂出予受入之凡要者此予則取予謂若泉府
云凡賒者祭祀無過旬日喪紀不過三月及旅師云
春頒秋斂賒取官物後還無生利之事凡要亦是簿
書也云凡簿書之最目獄訟之要辭皆曰契者簿書
之要目曰契即取予以書契是也獄訟之要辭曰契
即鄭引春秋傳者是也其春秋王叔氏事在襄十年
彼云王叔陳生與伯輿爭政晉侯使士匄平王室使
王叔氏與伯輿合要王叔氏不能舉其契此即獄訟

之要辭曰契云質劑謂兩書一札同而別之長曰質
短曰劑者案地官質人云大市曰質小市曰劑鄭注
大市人民馬牛之屬用長券小市兵器珍異之物用
短券言兩書一札同而別之者謂前後作二券中央
破之兩家各得其一背無年書字異於傅別故鄭云
傅別質劑皆今之券書也云礼命礼之九命之差等
者謂若大宗伯九儀從一命受職以至九命作伯差
等有九是也　以聽至廉辨　釋曰言六計弊群吏
之治者六計謂善能敬正法辨六者不同既以廉為
本又計其功過多少而聽斷之故云六計弊群吏之

治也　注聽平至廉端　釋曰云皆以廉爲本者此經六事皆先言廉後言善能之等故知將廉爲本廉者絜不濫濁也云善々其事有辭譽也者謂有善事四方令聞辭譽也云能政令行也者謂雖無辭譽所行政令得行也云敬不解于位也者謂敬其職位恪居官次也云正行無傾邪也者以其行正直言公正無私也云法守法不失也者謂依法而行無有錯失也云辨々然不疑惑也者謂其人辨然於事分明無有疑惑之事也杜子春云廉辨或爲廉端者經本或爲廉端後鄭不從者若爲端々亦正與廉正爲重故

不從引之在下者不苟違之亦得為一義故也　以法至如之　釋曰言以法掌祭祀已下七者皆是上六聯百官聯事通職者以其衆官共故經云令百官府共其財用也然六聯之中不言朝覲會同者以彼賓客中可以兼之以其朝覲會同還是諸侯賓客之事不言斂弛以其非七者中之大事故退之在下

注法謂至當共　釋曰言禮法謂七者皆有舊法依行若九式曰祭祀之式云戒具戒官有事所當共也者此七事在大宰八法中六曰官法彼在八曰官計上者以其彼有數故在上此官法無數故退在六計

下也　注七事至七事　釋曰七事先四謂從祭祀
至賓客云如之者三也者從軍旅至喪荒也云施舍
不給役謂從祭祀至賓客云如之者三也者從軍旅
至喪荒也云施舍不給役者上六聯注引鄉大夫國
中貴者老者疾者服公事者是也云七事故書爲小
事者與經不相當故杜子春從經爲正也　凡祭至
之事　注又從至眞之　釋曰案大宰職云祀五帝
贊玉幣爵今此又云祭祀贊此三者謂小宰執以授
大宰大宰執以授王是相贊助故云又從大宰助王
也云將送也祼送送祼謂贊王酌鬱鬯以獻尸者上云

贊王幣爵攜祭天而下別云祼將是攜祭宗廟且上太宰不言贊祼將則大宰不贊之故此注云贊王酌鬱鬯也云明不為飲主以祭祀者朝踐已後尸乃飲二祼為奠不飲故云不為飲主以祭祀云唯人道宗廟有祼天地大神至尊不祼者攜大宰祀五帝及大神示亦如之皆不言祼此文又祼將在王幣爵之下明宗廟有祼天地無祼且大宗伯祀天言煙祭社言血享大神不灌者不用降神無妨用秬鬯必若然天地用八尊直有五齊三酒不言秬鬯尊者以其鬯人職天地八尊者以與宗廟六彝相對為文鬯人職秬

鬯不入彝尊則别有尊矣不言者略耳不祼者罍復載
之德其功尤盛欲報之德無可稱焉故無祼直加敬
而已 其牲用特其器陶匏皆是質略之事故鄭云莫
稱焉云凡鬱鬯受祭之啐之奠之者謂王以圭瓚酌
鬱鬯獻尸后亦以璋瓚酌鬱鬯獻尸尸皆受灌地降
神各為祭之向口啐之啐之謂入口乃奠之於地也
祭天地既言無灌案宗伯注玉鬯又案禮記表記云
親耕粢盛秬鬯以事上帝上帝得有秬鬯者案春官
鬯人職掌共秬鬯下所陳社稷山川等外神皆用秬
鬯不用鬱鬯言灌且亦天地無祼也天地無人職用

鬯者唯有宗廟及禮賓客耳　凡賓至之事　釋曰
凡賓客贊祼者案大行人云上公再祼而酢侯伯一
祼而酢子男一祼不酢謂諸侯來朝々享既畢王禮
之有此灌酢之禮也云凡受爵之事者謂上公與諸
侯酢王之爵王受之云凡受幣之事者謂廟中行三
享々時辟以帛琮以錦致享時有此受幣之事皆言
凡者謂諸侯非一故言凡以廣之也　注唯祼至載
祼　釋曰言唯祼助宗伯者後引宗伯職者是也云
其餘皆助大宰者謂受爵幣二者皆助大宰賓客酢
王之時大宰於賓處受而授王々飲訖大宰受爵以授

小宰受幣之時亦王親受々以授大宰々々以授小
宰也云王不爾賓客而有受酢者案燕礼使宰夫爲
主人是君不敵臣於諸侯亦然受酢是飲酒之事臣
不可代君飲酒故有受酢之事也又引大宗伯職曰
大賓客則攝而載祼者案彼鄭注云載爲也言爲有
攝爾獻耳拜送則王也若然太宗伯非直攝王祼若
上公再祼兼有后祼之時大宗伯亦代后祼也拜送
則后也拜乃恭敬之事亦不可使臣代之故也　喪
荒至之事　釋曰喪謂王喪諸侯諸臣有致含襚幣
玉之事荒謂凶年諸侯亦有致幣玉之事上大宰不

言則此小宰專受之案礼記少儀云臣致禭於君則
曰致廢衣於賈人則諸侯臣皆得致含禭也　注春
秋至之礼　釋曰云春秋傳者公羊文其含禭所用
在死之時若既殯之後亦容有致之法故礼記雜記
殯後諸侯遣使致含禭賵之礼主人受之雖不及事
容致厚意是以春秋左氏秦人來歸僖公成風之禭
亦在踰年後春秋不譏也云凶荒有幣玉者賓客所
賵委之礼者案小行人云若国凶荒則令賵委之彼
謂王家賵委諸侯法此謂諸侯賵委王家法也　月
終至之要　釋曰月計曰要故每月月終則使官府

致其簿書之要受之當先尊後卑故言叙　注主每
月之小計　釋曰言小計對下經歲會為大計也若
大會則下文冢宰平之賛冢宰至致事　釋曰賛助
也歲計曰會言冢宰則據百官惣焉謂助冢宰受一
歲之計云歲終則令羣吏致事者謂使六官各致一
年功狀將來考之故也　注使齎至上計　釋曰漢
之朝集使謂之上計吏謂上一年計會文書及功狀
也　正歲至常刑　釋曰此則大宰周之正月之吉
始和布之於天下至此建寅正歲之正月懸之於象
魏其小宰亦助大宰所治官六十官之屬及万民而

觀治象之法使知當年治政之法也其時小宰徇以木鐸以警衆曰不用法者國有常刑欲使之用命不犯刑也　注正歲至金鐸　釋曰知正歲是夏之正月者見凌人云正歲十有二月令斬冰若正歲是建子周正即今之十月冰未堅不得斬之言正歲得四時之正周禮則不得以此推之諸言正歲者皆四時之正是建寅之月云古者將有新令必奮木鐸以警衆者案礼記檀弓云自寢門至于庫門振木鐸曰舍故而諱新彼及此文皆是有命奮木鐸警衆使明聽之事也云木鐸木舌者鐸皆以金為之以金為之以

木爲舌則曰木鐸以金爲舌則曰金鐸也云文事奮
木鐸者此文乃檀弓并明堂位曰振木鐸於朝天子
之礼皆是也又云武事奮金鐸者鼓人云金鐸通鼓
大司馬云兩司馬振鐸是也　乃退至王宮　注憲
謂至令云　釋曰凡刑禁皆出秋官今云憲禁者與
布憲義同故小宰得秋官刑禁文書表而縣之於宮
内也　令于至大刑　釋曰此經於職末當稟于大
宰而令百官謹于此數事以結之也　宰夫至禁令
釋曰言掌治朝之法以正王及三公六卿大夫羣
吏之位者案司士云正朝儀之位辨其貴賤之等王

南鄉三公北面東上孤東面北上卿大夫西面北上王族故士虎士在路門之右南面東上大僕從者在路門之左南面西上此群吏即群士是其位也掌其禁令即察其不如儀耳　注治朝至如儀　釋曰知此治朝在路門外者燕朝在路寢庭外朝在庫門外其事希簡非常治正之所此云治朝是常治事之朝故知是路門外夏官司士所掌者知察其不如儀者宰夫與司士俱是下大夫非贊治朝又見經云禁令知直察其不如儀式者也　敘群臣之逆　釋曰宰夫次敘群吏諸臣等之治職即以待賓客已下三事

使之應荅不闕於事也言以待賓客之令此一者謂
若大宗伯朝覲會同則爲上擯肆師云大朝覲佐儐
及大小行人掌客掌訝委人遺人之屬皆是待賓客
之官使辨理之也云諸臣之復此其二者案夏官小
臣職云掌三公及孤卿之復逆復逆並掌之此不言
逆者但宰夫直次之不掌事故於文略也又案夏官
大僕職云掌諸侯之復逆此諸臣中兼之此宰夫惟
叙大僕小臣等辨理此復逆之事也云万民之逆此
三也者案夏官御僕職掌羣吏庶民之復逆彼羣吏
與此經羣吏爲羣臣別故鄭彼注羣吏府史以下此

不言羣吏及復亦是文略也此宰夫次敘御僕使辨耶府史万民復逆也　注恒次至上書　釋曰鄭司農云復請也逆迎受王命者復是報白之義不得為請故後鄭不從又王命既出在下受而行之不得云逆々者向上之言不為向下之義故後鄭亦不從云宰夫主諸臣万民之復逆故詩人重之曰家伯維宰者知彼宰非大宰而當此宰夫者維宰在司徒下膳夫上故知是宰夫也此先鄭以官次第當宰夫案鄭彼注冢宰掌建邦之六典皆卿也不從司農者諸經單稱宰者皆大宰若宰夫經單言宰者故為大宰解

之若然大宰在司徒下有彼以權寵爲次不以尊卑
故内史中大夫在膳夫上士之下師氏中大夫在趣
馬下士之下玄謂復之言報也反也有謂羣臣受王
命使臣行之訖反報於王故云朝庭奏事也云自下
而上曰逆者謂自上而下曰順故自下而上曰逆也
言上書者則今之上表也若然據夏官諸侯諸臣万
民皆復逆並有則此亦皆有上書奏事耳司農於此
注復爲請逆爲迎受王命後鄭不從及至夏官大僕
先鄭注云復謂奏事逆謂受下奏即與後鄭義同故
彼後鄭從之若然是先鄭兩解也　案内豎云掌外内

内之通令凡小事鄭注云内后六宫外卿大夫也使重豎通王内外之命給小事者以其無與爲礼出入使疾内外以大事聞王則大事後朝而自復若然何須更有小臣等復逆乎然者一曰万機或有後朝自復有大事急促不得待朝即須非時通傳使聞徹在上者也　掌百至徵令　釋曰言掌百官府之徵令辨其八職者謂揔王朝三百六十官以備王之所徵召及施令若不分别其職則徵召無所指斥故須分辨三百六十職也　一曰正者正長也六卿下各有屬六十故六卿稱正也云掌官法者掌當官之法也

以治要者要謂大計要也　注別異至召呼　釋曰
自正已下爲八職皆備王召呼則正亦備王召呼及
所爲也言正辟於治官則冢宰也者以其六卿異目
或稱大宰或稱司徒之等尊卑相似正長也每職各
爲一官之長故總謂之正也以其六者非一相比辟
故以辟言之今舉天官一官言之餘可知云治要若
歲計也者案下文歲終云會月終云要旬終云成此
歲云要者但六卿下云要不云會以要當會處故以
治要爲歲計也云師辟小宰宰夫也者以下文四曰
旅是下士諸官皆名旅其下士之上有上士中士向

上差次當三日司上士之上向上差次有小宰々夫故知二曰師當小宰々夫也言辟者亦是六鄉之下皆有此二者若司徒之下小司徒鄉師之類故亦言辟也二者同名師者亦是六者異同尊卑相次故同名師也云治凡若月計者上要既當歲會故治凡當月計日要之處也云司辟上士中士者此亦是題目有異若大司馬之下上士曰輿司馬中士曰行司馬與諸官上士中士不同尊卑相似故揔謂之司馬以其各有職司也六官之下同名司故亦云辟也云治同若今日計也者從治要向下以次差之此治同當

日計日成之處故云今日計也云旅辟下士也者此
下士既無所兼故存本號曰旅亦是六官下同號曰
旅故亦曰辟也云治數每事多少異也者以上治月
當月計此治數無數當下士稱旅理衆事故以治數
爲每事多少解之云治藏〻文書及器物者其名曰
府〻有主以藏物故藏當司文書及當司器物也云
贊治若今起文書草也者起文書草乃後判徒是爲
贊治之法故稱贊治也云治敘次序官中者既有才
智爲什長當次敘官中須人驅役之處則科次其徒
故云次敘官中也云如今侍曹伍伯傳吏朝也者漢

時五人爲伍伯長也是五人之長言傳吏朝者傳在
朝羣吏請官事務於朝也胥爲什長亦然故舉漢法
況之也云衛令趨走給召呼者其徒止爲在朝趨走
供給官人召呼使役之事也　掌治賞之　釋曰宰
夫是自考之官故以治法考百官府及羣都縣鄙鄉
遂之內治功善惡也言參計其財用之出入者謂上
數處用官物者當參計其用財之出入知其多少云
凡失財用物辟名者謂失官家財及用與物三者而
辟名者以官刑詔告冢宰長官誅責之也有足用々
之能足長財々又能長善物々又能善如此者賞之

時五人為伍伍長也是五人之長言傳吏朝者傳在朝羣吏諸官事務於朝也胥為什長亦然故舉漢法況之也云徵令趨走給召呼者其徒止為在朝趨走供給官人召呼使役之事也　掌治至責之　釋曰宰夫是句考之官故以治法考百官府及羣都縣鄙鄉遂之内治功善惡也言參計其財用之出入者謂上數處用官物者當參計其用財之出入知其多少云凡失財用物辟名者謂失官家財及用與物三者而辟名者以官刑詔告冢宰長官誅責之也有足用用之能足長財々又能長善物々又能善如此者賞

之　注羣都至四者　釋曰云羣都諸采邑也者謂
大都小都家邑三處也云六遂五百家為鄙五鄙為
縣者遂人文云六鄉州黨亦存焉者六遂在外尚考
之六鄉在內考之可知不言者舉外以包內也云乘
猶計也者計者筭法乘除之名出於此也云財泉穀
也者上九財賄已　釋訖云用貨賄也者案內府云掌
受九貢九賦九功之貨賄以待邦之大用故知用中
有貨賄也云物畜獸也者案獸人云掌罟田獸辨其
名物及春秋獻獸物又牧人云掌牧六牲而阜蕃其
物以此知物中有畜有獸也云辟名詐為書以空作

見文書與實不相應也者其人失財用物者則詐為文書以空物作見在文書與實物不相應是罪人也云官刑在司寇五刑第四者彼司寇掌五刑其四曰官刑上能糾職是也　以式至滌濯　釋曰言式法者謂祭祀大小皆有舊法式依而戒敕使共具之云與其薦羞者謂亦戒具之也云從大宰而眡滌濯者上大宰職已云祀五帝眡滌濯此宰夫又從大宰眡之也　注薦脯至內羞　釋曰案儀禮鄉飲酒鄉射燕禮諸單言薦者皆是脯醢故知此薦亦脯醢云羞庶羞內羞者庶羞謂天子八豆諸侯六豆之等內羞

謂祭祀食後所加言內有少牢所謂房中之羞糗餌
粉餈是也凡礼至之具　注比校次之　釋曰上小
宰於七事已言以法掌戒具此宰夫贊小宰校次之
使知善惡是否也　凡朝至陳數　釋曰上大宰云
大朝覲會同彼言大謂朝覲為會同而來今此朝覲
不言大則朝覲自是四時當朝及會同皆有賓客也
云以牢礼之法者五等諸侯來朝天子待之自有常
法若大行人掌客者也云掌其牢礼者下別言委積
之等則此牢礼謂饔餼之礼若然委積是賓未至時
在道所設聘礼云聘日致饔則饔餼是朝日致之矣

今在委積上者以饔餼是礼之大者故先言之且委
積非直賓來時共之賓去亦共之在下亦其宜若然
飧牢皆殺而云飧牽皆殺而云飧牽者以掌客云積
視飧牽據積而言之也　注宰礼至大夫　釋曰云宰
礼之法多少之差者案大行人上公饔餼九牢饗礼
九獻食礼九舉此等其侯伯降二等以七爲節子男
又降二等以五爲節也又掌客云上公飧五牢五積
侯伯飧四牢四積子男飧三牢三積是其數也云及
其時也者案聘礼云賓至大夫帥至于館即言宰夫
朝服設飧又云聘日致饔餼即天子待諸侯亦然其委

積者從來至去在道而設之並是時也若然此等之
礼並是掌客所主今此復言之者此宰夫雖非正職
以其主陳之當知其數故言之耳云三牲牛羊豕具
為一牢者此依聘礼卿韋弁歸饔餼於館之時有五
牢餁一牢設於西階腥二牢設於東階牽二牢陳于
門內之西北首以牛一羊一豕一稱牢此既以經牢
礼為饔餼故還引聘礼順饔餼以證之也云委積謂
牢米薪芻給賓客道用也者依掌客云積視飧牽飧
有芻薪及米明委積在道所設亦有芻米薪蒸也且
地官遺人云十里有廬々有飲食三十里有宿々有

委五十里有市〻有積是其委積給客道用也云膳
獻禽羞俶獻也者此聘礼記文彼注云禽羞謂成熟
有齊和者俶獻四時珍美新物也俶始也言其始可
獻也聘義謂之時賜是也云飲食燕饗也者鄭以燕
饗解飲食即是飲入燕饗中不解經中食為食礼者
經中言食則食礼自明今云飲食燕者欲見飲入燕
礼可知饗中文兼燕與食以其饗有米有酒故也司
農云飧夕食也者先鄭以飧字夕下為之即為夕食
但客至即設不要待夕故後鄭不從也云春秋傳曰
飧有陪鼎者左氏昭五年楚薳啓彊曰宴有好貨飧

有陪鼎是也云春秋傳曰饔餼竭矣者左氏僖三十三年鄭皇武子辭秦客杞子等云唯是脯資餼牽竭矣是也玄謂飧客始至所致礼者此易先鄭案聘礼客始至大夫帥至于館宰夫朝服設飧不待至夕也云凡此礼陳数存可見者唯有行人掌客及聘礼公食大夫者以儀礼三千條内具有諸侯之礼但亡滅者多今存可見者周礼之内有大行人掌客是待諸侯之礼儀礼之内有聘礼公食大夫是待聘客之法皆有陳数考校可知也　凡邦至共者　釋曰弔謂王使人弔諸侯自弔諸臣須從王行者并有贈喪之

具百官當共故宰夫總戒令之與其幣器財用凡所
共者也　注弔事至求賻　釋曰案大宗伯云以喪
礼哀死亡礼記檀弓曰君臨臣喪巫祝桃茢執戈惡
之也天子礼弔諸臣之法春秋左氏王使榮叔歸含
且賵是有弔法故云弔諸侯諸臣也幣所用賻也者
案公羊傳曰貨曰含車馬曰賵衣服曰襚幣不入含
襚賵中故知是賻也云器所用致明器也者案儀礼
既夕礼云若就器則坐奠于陳注云就猶善也贈無
常唯翫好則此贈與人亦是賓客就器而云明器者
相對言之則檀弓云竹不成用瓦不成味木不成斲

琴瑟張而不平之等是主人之明器賓客所致者謂之就器就成也謂善作之名爲就器據而言之皆是神明死者之器故此就器亦名明器也云凡喪始死弔而含襚葬而賵贈其閒加恩厚則有賻焉言此者欲見賻非正礼其賻乃是於死者恩厚乃加之故礼記云弔喪不能賻不問其所費是恩厚之義也云春秋譏武氏子來求賻者隱公三年公羊文案公羊云武氏子來求賻何以書譏何譏爾喪事無求求賻非礼何休云礼本爲有財者制有則送之無則致哀而已不當求求則皇皇傷孝子心蓋通於下何休云云

爾有嫌天子財多不當求下財少可求故明皆不當求鄭引此者見王於諸侯諸臣有歸賻爾諸侯諸臣亦不得求也顏路請子之車孔子不與亦是不合求故抑之也　大喪至治之　釋曰其小官士以下則此宰夫戒令諸官有事者也　注大喪至共籍　釋曰大宰云大喪贊贈玉含玉宗伯云朝覲會同則為上相大喪亦如之鬱人鬯人俱云大喪之渳典瑞云大喪共飯玉含玉彼皆據喪唯司寇云大喪前王以為嗣王皆不為后世子喪者彼皆不對小喪此大喪對小喪亦王所由服故注為王后世子也此不言廣

子文不具云小官士也者宰夫下大夫所掌而言小官明是士可知云其大官則冢宰掌其戒令者冢宰不言者文不具云治謂共辦者謂當職合共者供辦之　三公至治之　釋曰三公六卿喪尊故宰夫與春官職喪帥其於喪家有事官有司而治之治之亦謂共辦之大夫之喪卑宰夫不自為使在己之下其旅三十有二人帥有事於喪家之有司而治之〻〻亦謂共辦之也　歲終至誅之　釋曰言周之歲終十二月則令羣吏羣吏則六十官正歲會正猶定也謂一年會計文書摠句考之歲計曰會也月終則令

正月要者謂每月終則令羣吏正其月要月要謂月
計曰要也旬終謂每旬終則令羣吏正其日成日成
謂日計曰成也云而以攷其治者言會要成揔考之
云治不以時舉者謂文書稽滞者故鄭云違時令失
期會也云以告而誅之者謂告冢宰而誅責之也
注歳終至期會　釋曰知歳終是周之季冬者以其
正月之吉始和彼正月是周之正月始和布治于天
下至今歳終考之是一歳之終故知非夏之歳終也
云正猶定也者以其文書定乃可攷之故爲定也云旬
十日也者上文云前期十日少宰云旬有一日旬與

十日旬與十日正同故知旬十日也　正歲至職事
釋曰正歲乃夏之正月是其歲始故以法警戒羣吏
令脩宮中之職事以謹勑之也　書其能至于上
釋曰上云令脩宮中之職事則此謂宮中諸吏也正
歲之正月則豫選之擬至歲終當舉之也　注良猶
至罪等　釋曰知上是小宰大宰者以其承上文歲
始末是賞時且長自告于王知上非王是小宰大宰
先鄭云若今舉孝廉者謂孝弟廉絜賢良即經中良
者謂有賢行而良善也云方正有人雖無别行而有
方幅正直者也云茂才者漢光武諱秀時號爲茂才

即經云能者也　云異等者四科不同等級各異故云
異等此經據宮中子弟先鄭所云不要宮中之人引
之況義耳　宮正至糾禁　注糾猶割也察也　釋
曰案下經王宮中有官府故掌王宮之戒令之事有
過失者已發則糾而割察之其未發則禁之也　以
時至衆寡　釋曰以四時校比宮中見住在王宮中
者之官府及宿衛者次舍之衆寡也　注時四時至
吊等　釋曰此時是尋常事故為四時解之案地官
鄉師云以歲時巡國及野而賙萬民之囏阨鄭彼注
時隨其事之時不為四時解者彼據囏阨非常故為

隨其事之時不得爲四時也云官府之在宮中者膳
夫玉府等者以其言在宮中之官府是執掌重事美
物及飲食乃得在王宮故知是此人等云次諸吏直
宿若今時部署諸廬者此次謂若匠人云外有九室九
卿治之即詩云適子之館兮鄭云卿士所之之館在
天子之宮中如今部署諸廬彼二者與此次爲一物
此據宮中之官府下宮伯云授八次八舍鄭注衛王
宮者彼據宮中官府子弟云舍其所居寺者寺即舍
也是官府退息之處　爲之版以待　釋曰版謂宿
衛人名籍謂宮正執籍授比之也　注鄭司農至及

比　釋曰先鄭以版爲官府次舍之版圖者先鄭於
於八成注云版名籍圖地圖此注連言圖其版即名
籍與後鄭義同後鄭以爲人名籍者增成先鄭義也
夕擊柝而比之　釋曰既得名籍至夕暮擊柝挍比
之恐其懈惰也　注夕莫至於邦　釋曰後鄭云莫
行夜以比直宿者謂直宿即坐持更之人則行夜者
擊柝校比直宿人故先鄭云柝戒守者所擊也易曰
者是易繫辭文彼又云蓋取諸豫鄭玄注云豫坤下
震上九四體震又互體有艮々爲門震日所出亦
爲門重門象艮又爲手巽爻也應在四骨木也手持

二木也手持二木以相敲是爲擊柝擊柝爲守備警戒也四又互體爲坎〻爲盜五離爻爲甲冑戈兵盜謂持戈兵是暴客也又以其卦爲豫有守備則不可自逸是也云春秋傳曰者左氏哀七年秋魯伐邾茅成子請告于吳不許曰魯擊柝聞於邾吳二千里不三月不至何及於我引之證擊柝之義也　国有至如之　釋曰有故有災禍及王時出行不在宮是也云則令宿其比亦如之者亦如上夕擊柝已上之事與平常同也　注鄭司農至存焉　釋曰先鄭引春秋傳者左氏昭十八年夏五月宋衛陳鄭災子産授

與登陴子大叔曰晉無乃討乎子産曰小国忘守則危況有災乎彼爲則先鄭云必讀字不同也玄謂故凡非常也文王世子曰公有出疆之政者謂出朝覲也云庶子以公族之無事者守於公宮者此言與下爲目庶子謂諸侯庶子之官掌卿大夫士之適子并掌公家之事云正室守大廟者謂公族之内適子名爲正室使守大廟大廟尊故也云諸父守貴宮貴室者謂同族諸爲父行者貴宮貴室同爲路寢路寢對大廟生人之尊也云諸子諸孫者亦謂同族之内諸諸爲子行孫行者也云守下宮下室者下宮謂親廟

四下室謂適寢也云此謂諸侯也者謂文王世子文
是諸侯法也云王之庶子職掌國子之倅已下者是
夏官諸子職文云庶子者諸庶一也於諸侯即為庶
子於天子則為諸子今因諸侯言庶子其實夏官所
云是諸子職也彼鄭注倅謂副倅之倅國子謂諸侯
卿大夫士之子也云國有大事則帥國子而致於大
子唯所用之者彼云大事寇戎之事卿大夫士之子
屬大子故唯大子所使用也彼是甲兵不云宿衛故
鄭云今宿之事蓋亦存焉存焉者宿衛之事亦在唯
所用中引之者欲見國有故中有王出疆巡守征伐

皆須令宿增成先鄭義也　辨外内而時禁　釋曰
先鄭云分別外人内人禁其非時出入者謂住在王
宮中有卿大夫士等外人謂男子内人謂婦女皆是
也此男女自相對爲外人内人其内人非謂内宰職
所云内人是刑女在宮中者也　稽其至德行　釋
曰緒業也宮正考計其宮中卿大夫士功狀及職業
多少糾察其在身爲德施之爲行二者也　幾其至稍
食·注鄭司農至祿稟　釋曰先鄭引令時者謂漢
法言引籍者有門籍及引人乃得出入也又云司馬
殿門者漢宮殿門每門皆使司馬一人守門比千石

皆號司馬殿門也玄謂幾荷其衣服持操及疏數者
案閽人云喪服凶器不入宮潛服賊器不入宮奇服
怪民不入宮司門云幾出入不物者謂衣服視占不
與衆同及所操物不如品式者譏雖不同皆是守禁
此經直云幾其出入明知兼有此呵其衣服持操及
疏數此增成司農義也云稍食祿稟者言稍則稍稍
與之則月俸是也則下士九人中士倍下士上士倍
上士之類其祿與之米稟故云祿稟也　去其至之
民　注民宮至非常　釋曰此一經並是吏之民云
淫放濫也怠解慢也爲此惡行也　云民宮中吏之家

人也者吏即宅在宮中卿大夫士其家人為此惡行
也者使之不為即是去也此民謂若秋官隸民之類
云奇衺譎觚非常者兵書有譎觚之人譎詐桀出觚
角非常也　會其至道藝　注五人至書數　釋曰
宮正掌宮中卿大夫士亦兼掌子弟會謂會合其宮
中子弟使之以五人為伍二伍為什必會合之者欲
使之宿衛時語言相體服容相識是其輩作也及其
學問又相親及切瑳琢磨是其輩學德是相勸帥也
云且寄宿衛之令者管子云因內政寄軍令在家時
五家為比在軍還五人為伍之類此亦五人為伍二

伍為什使之輩學似若在家也因使之　宿衛似寄軍
令也先鄭云道謂先王所以教道民謂若保氏之掌
養國子以道而教之六藝道則師氏三德三行也藝
謂礼樂射御書數亦保氏職文也　月終至行事
釋曰稍食謂宮中官府等月祿故至月終會計之歲
終則會計行事吏職當考知功過也　凡邦至政令
釋曰邦有大事謂國之大事在祀與戎則令于王
宮之官府次舍無去守謂使之皆在次舍不得去部
所守而聽待政令須有所為春秋至火禁　釋曰春
謂季春秋謂季秋二時火星出入之時以木鐸警衆

使脩火禁也　注火星至以戒　釋曰火星則心星也公羊謂之大辰服注春秋云火出於夏爲三月於商爲四月於周爲五月故云以春出也季秋昏時伏於戌火星入故云以秋入云因天時而以戒者此火謂陶冶鑄錮之火因天出火民則爲之因天内火民則休之故云因天時戒之也此施火謂宮正於宮中特宜慎火故脩火禁夏官司爟云掌行火之政令四時變國火以救時疾下又云時則施火令爲焚萊之時故脩火禁也秋官司烜云中春以木鐸脩火禁于國中注云爲季春將出火也火禁謂用火之處及備

風燥是二月預脩之三月重掌事各有所爲不相妨也　凡邦至執燭　釋曰凡邦之事謂祭祀之事王當出入來往時隸僕與王蹕止行人於宮中及廟中也王出向二處當侵晨而行爾時則宮正爲王執燭爲明也　注鄭司農至武宮　釋曰先鄭讀火絶之則火字向上爲句也其築自與凡邦之事蹕共爲一句宮正既不掌蹕事若如先鄭所讀則似宮正爲王蹕非也云宮中廟中則執燭者若不以邦之事與此宮中爲一事則宮中廟中何爲事　而進宮正執燭乎亦非也又　云若今時衛士塡街蹕也者漢儀大駕行

幸使衛士填塞街巷以止行人備非常也玄謂事祭
事也者謂在宮中廟中二處皆有祭事也云邦之祭
社稷七祀於宮中者小宗伯云左宗廟右社稷在宮
中中門之外也依祭法王為羣姓立七祀曰司命曰
中霤曰国行曰国門曰泰厉曰户曰竈案司門云凡
歲時之門受其餘則此七祀等是為羣姓所立者不
在宮中也祭法又云王自為立七祀者此則禱祀在
宮中者也云春秋傳曰有大事于大廟者左氏文二
年秋八月丁卯大事于大廟是也云又曰有事于武
宮者昭十五年春二月癸酉有事于武宮鄭引此者

欲見隸僕蹕于宮中並得兼廟中故公羊云魯公稱
世室群公稱宮則天子之廟亦有宮稱也　大喪至
之居　釋曰大喪謂王喪臣子皆為之斬衰則同廬
舍所居則異也云授廬舍者揔諸臣而辨其親疏貴
賤之居異也　注廬倚廬倚廬也者謂於路門之外
東壁倚木為廬云舍堊室也者舍對廬故為堊室堊
室者兩下為之與廬異故名堊室也云親者貴者居
倚廬者親謂大功已上貴謂大夫已上者居倚廬云
疏者賤者居堊室者疏謂小功緦麻賤謂士二者居
堊室知義如此者以其經云辨其親疏貴賤明當如

此解之也又引雜記者彼是諸侯之臣其大夫居庐士居堊室彼注士居堊室亦謂邑宰也朝廷之士亦居庐引之者證貴者居庐賤者居堊室一邊之義耳其實彼諸侯礼不辨親疏貴賤而別其遠近並爲天子之臣也　宮伯至版者　釋曰宮伯掌王宮中卿大夫之適子庶子士之適子也凡在版者子弟皆有名籍以擬校比也　注鄭司農至庶也　釋曰鄭司農云庶子宿衛之官謂若夏官諸子職後鄭不從者彼諸子是下大夫此宮伯中士不合掌之故不從也玄謂王宮之士謂宮中諸吏之適子也者吏謂卿大

夫士之揔號云庶子其支庶也者以其宮正掌宮中官府宮伯掌其子弟故也案大司馬云王吊勞其士庶子文與此同鄭彼注云吊其死者勞其傷者庶子卿大夫之子從軍者彼士爲卿大夫士庶子爲卿大夫之子則兼適庶與此不同者彼更無吊勞卿大夫士身故上爲卿大夫庶子中兼適庶是鄭望文以爲義故注與此不同也掌其至之事 釋曰宮伯既掌士庶子所以有政令盡掌之也行其秩敘者秩謂依班秩受祿敘者才藝高下爲次第以作其徒役者士庶子屬大子隨其所用使役之也 授八至職事

注衛王至之處　釋曰言衛王宫者必居四角四中者以其言八似若八方爲四方四維然以四角四中解之必於八所以爲次舍者相徼察來往候望便故次舍容八也　司農云庶子衛王宫在内爲次在外爲舍者庶子義上已破訖先鄭意内次外舍有所隔絶故後鄭不從也　玄謂次其宿衛所在者謂宿衛之處稍在前爲之館也舍者若掌舍之舍亦舍息休止之处故鄭爲休沐之處也　若邦至令之　釋曰事亦謂寇戎之事作起也謂起宫中之衆使士庶子行則宫伯戒令之　月終至誅賞　釋曰月終則均其

秩々祿稟則與宮正均稍食亦一也歲終則均敘與
宮正則異彼宮中官府故會其行事此其子弟故均
其敘々即上注才等也以時頒其衣裘夏時班衣冬
時班裘掌其誅賞者士庶子有功則賞之有罪則誅
之也　注若今賦冬夏衣　釋曰賦班也班之與賦
皆賜授之義

周礼䟽卷第三

七

周禮正義

七之八

七之八

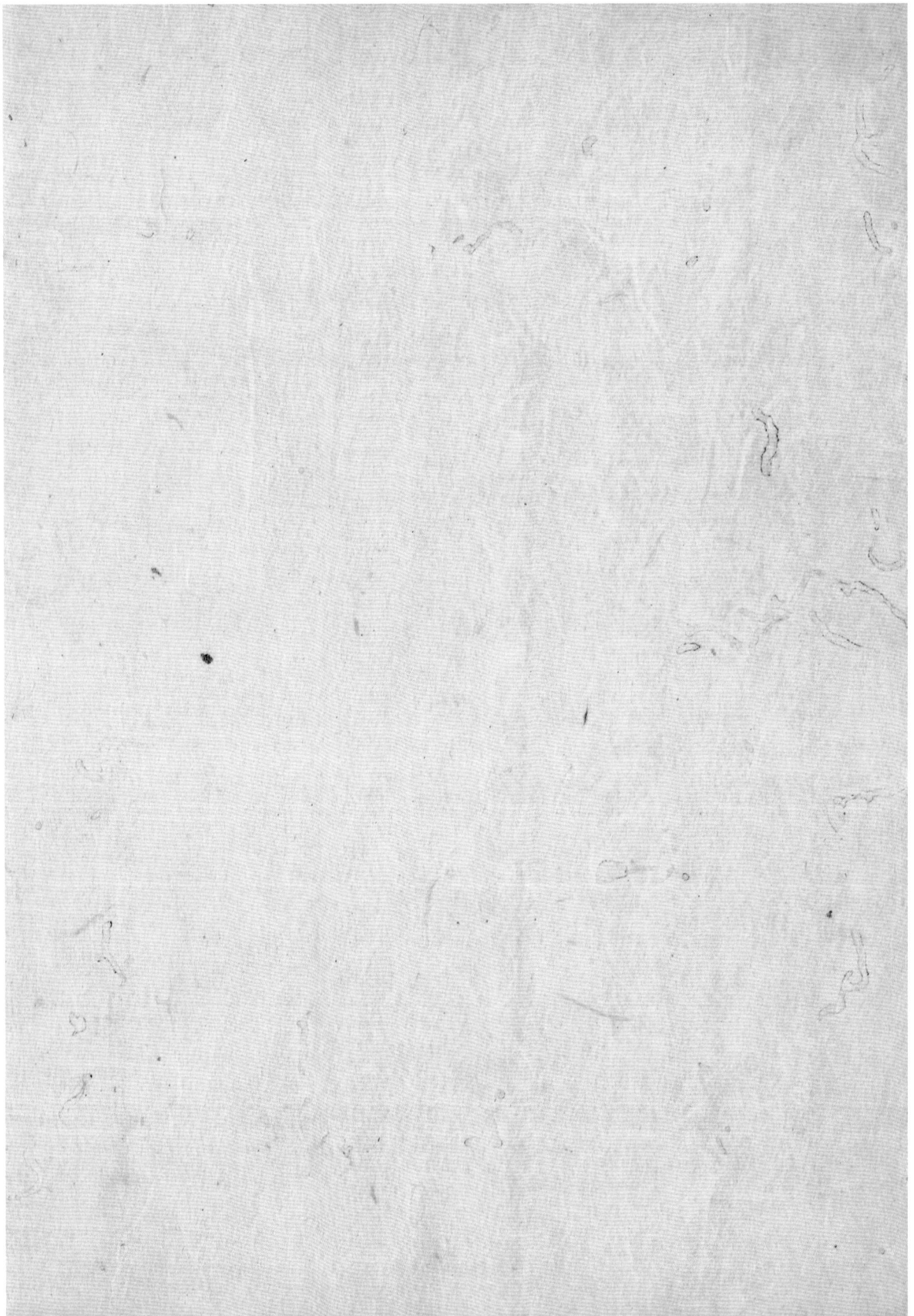

京都大學圖書之印
944917
昭和28.3.31

周禮疏卷第七

唐朝散大夫行大學博士弘文館學士臣賈公彥等撰

司書至藏幣　釋曰言掌邦之六典已下至周知入出百物已上所掌與司會同者以其司會主鉤考司書掌書記之司書所記司會鉤考之故二官所掌其事通焉九職即司會九功也九正即司會九賦九貢也九事即司會九式也邦中之版土地之圖即司會版圖也周知入出百物者即司會百物財用一也云以敘其財者敘謂比次其財知用多少云受其幣者百官所用餘財送來與司書司書受其幣使入於藏

幣之官不入本府　注九正至朽蠹　釋曰知九正謂九賦九貢者案上司會有九賦九貢此司書則有九正無九賦九貢故知九正則是九賦九貢也言九正者謂此二者之財皆出於正稅故鄭云正稅也又云九事謂九式者云九式據用財言之九事據用財所為之事其理一也云變言之者重其職謂變九賦九貢言九正變九式言九事也重以其職明本而事之非徒相副貳也其相副貳者謂司會入法八則之貳是也云所給及其餘見為之簿書者司書周知入出百物以叙其財明知斂其財者所給諸官餘不盡

者即以餘見爲之簿書擬與司會鉤考之云謂亦受録其餘幣而爲之簿書者此增成先鄭受謂受財幣之簿書云幣物當以時用之久藏將朽蠹者釋經百官餘幣不入於本府而入於職幣之意若入本府即是久藏將恐朽爛蠹敗故入職幣使人占賣之本在生利也　注上謂至財用　釋曰知上謂王與冢宰者案内府職云凡王及冢宰賜與則共之明此上中有冢宰可知云王雖不會亦當知多少而闕之者案上膳夫庖人及外府等皆言王及后不會此經上之用財必考於司會者此之所考但知多少而闕之非

是會計與王爲限云司會以九式均節邦之財用者
欲見司書用財必考於司會之意三歲至徵令　釋
曰言三歲者三年一閏天道小成考校羣吏須有黜
陟故云三歲則大計羣吏之治羣吏則百官也以知
民之財用器械之數者民之財用謂幣帛多少器謂
樂之器械謂兵器弓矢戈殳戟矛此等則器械之數
皆知之以知田野謂百畝之田在野夫家者謂男夫
婦女六畜者謂馬牛羊豕犬雞之數又云以知山林
川澤之數者案大司徒地有十等不言丘陵墳衍原
隰者略言之也又云以逆羣吏之徵令者逆謂鉤考

也此司書知民之財器已下川澤已上悉其君吏濫
徵斂万民故知此本數乃鉤考其徵令也　注械猶
至不稅　釋曰山林川澤童枯則不稅者山林不茂
爲童川澤無水爲枯所稅者稅其有今山林不茂則
無林木川澤無水則無魚鼈蒲葦故不稅之　凡稅
至貳焉　釋曰言凡稅斂者謂若地官閭師旅師衡
斂之官所欲稅斂掌畜者皆來司書處受法焉及事
成收斂畢入要謂寫一通副貳文書名爲要入司書
故云入要貳焉必來受法又入要貳者以司書知財
器已下之數擬後鉤考之也　注法猶至畢也　釋

同云應當稅者之數者兩上田野夫家之等是其本出稅者之數也　凡邦治攷焉　釋曰邦之所治有善惡皆來考於司書者以司書大計羣吏之治知其功過故也　職內至賦用　釋曰云掌邦之賦入者謂九職九貢九賦之稅入皆掌之獨云賦入者賦是揔名下言賦者皆此類也辨其財用之物凡所稅入者種類不同須分別之而執其總者總謂稅入多少總要簿書又云以貳官府都鄙之財入之數者官府財入謂若關市之稅都鄙之財入都鄙謂三等采地采地之稅四之一言貳者謂職內受取一通適副貳文

書擬鉤考以逆邦之賦用之若職内旣知財之數鉤
考用賦多少知其得失　注辨財至之屬　釋曰言
辨財用之物使種類相從者但賦之所入先由職内
始至大府大府分致於衆府以是分別使衆類相從
云官府之有財入若關市之屬者司關司市皆屬地
官關市皆有出税故知官府之有財入若關市也言
之屬者兼有城十二門亦有税入　凡受至書之
釋曰其有官府合用官物而受財者並副寫一通勑
令文書與職内然後職内依數付之故云受其貳令
書之　注受財至其事　釋曰云貳令謂若今御史

所寫下本奏王所可者案御史職云掌贊書彼注云王有令則以書致之則贊爲辭若今尚書作詔文是其用官財者先奏白於王王許可則御史贊王爲辭下職內是其貳令職內則書之爲本案然後給物與之若然職內主入職歲主出職內分置於衆府所以得有物出與入者職內雖分置衆府職內亦有府貨賄留之者故得出給故大府職云頒其賄於受用之府鄭注云受用之府若職內是也　及會至之出

釋曰言會者謂至歲終會計以逆職歲者逆謂鈎考也職歲主出職內主入以已之入財之數鈎考職歲

出財之數又云與官府財用之出者謂職歲出財與官府所用之數並鉤考之　注亦參互鉤考之　釋曰鄭云參互鉤考者案司會以參互考之成彼注云參互謂司書之要貳職內之入職歲之出以三官相鉤考此職內逆職歲明兼有司書之要貳故言參互言亦者亦如大府也　而敘其財以待邦之移用　釋曰案司書云以敘其財鄭彼注云敘猶比次謂鉤考其財幣所給及其餘見爲之簿書入職幣也此言敘財亦謂比次職內藏中餘見爲簿書以待邦之移用更給他官若然職內既非常府其所藏者唯當歲

所用故用不盡者移用之也職歲至攷之　釋曰云掌邦之賦出者職内主入職歲主出職内所入於衆府所用之多少皆主之故云掌邦之賦出但九貢九賦九功之用皆主之特言賦者亦如職内云賦賦是揔稱也云以貳官府都鄙之財出賜之數者職内云以貳官府都鄙之財入之數此職歲以貳官府都鄙之財出賜之數二官一入一出皆書其貳共相鈎考故職内云以逆邦之賦用此職歲云以待會計而考之其事通也　注以貳至存之　釋曰云亦如職内書其貳令而編存之者職内云凡受財者受其貳令

而書之此官主出所出亦皆由上令所出前後不同
亦皆書其貳令編存爲案以待會計而考之也　凡
官至職歲　釋曰官府都鄙出財用皆來受法者以
其出財用皆爲有事事有舊法用有常職歲出財皆
有舊法式在於職歲故須受法於職歲也　凡上至
授之　釋曰上謂王與冢宰所有小賜予之事則職
幣所云小用賜予是也故云以敘與職幣授之　及
會以式法贊逆會　釋曰案司會以逆羣吏之治而
聽其會計此官主式法出財用及至也至歲終會計
之時則以式法贊助司會鉤考會計之事故云以式

法贊逆會　職幣至之幣　釋曰職幣主餘幣給諸
官之用亦依法式與之故云掌式法以斂官府已下
之幣〻則餘幣也　注幣謂至軍旅　釋曰云幣謂
給公用之餘者以其此官主斂餘幣故知幣謂給公
用之餘知凡用邦財是軍旅者見經斂官府都鄙别
言用邦財故知用邦財謂國之大事唯有軍旅　振
掌事者之餘財　釋曰振者抍也檢也以財與之謂
之抍知其足剩謂之檢掌事奉王命有所造爲故職
幣檢掌事者有餘則受取故云振掌事者之餘財
注振猶至受之　釋曰知掌事謂以王命有所作爲

者以其上經官府已下是其國家常事此別言當事
是王命有所作爲又云先言斂幣後言振財互之者
凡用國家財物皆先振而後斂今於上文直言斂不
言振亦振之下言振財有餘亦斂之可知故言互之
也　皆辯至賜予　釋曰上經既斂得幣皆當辯其
物知其色類及善惡而奠其録者謂定其所録簿書
色別各入一府以書楬之者謂府別各爲一牌書知
善惡價數多少謂之楬又云以詔上之小用賜予者
詔猶告也職幣既知府内則告上之王與冢宰小用
賜予之事此謂常賜予玉府所云凡王之好賜共其

貨賄及內府云凡王冢宰之好賜此二者非常賜與
外府及典絲枲三官言賜予者與此職幣同亦是國
家常賜予　歲終則會其出　釋曰以其職幣主出
故歲終與司會〻之下贊之亦謂贊司會〻之事也
司裘至之服　釋曰言爲大裘者謂造作黑羔裘
裘言大者以其祭天地之服故以大言之非謂裘體
侈大則義同於大射也云以共王祀天之服者謂四
時所有祀天之事皆共之不限六天之大小直言祀
天案孝經緯鉤命決云祭地之禮與天同牲玉皆不
同言同者唯據衣服則知崐崘神州亦大裘可知

注鄭司農至示質　釋曰先鄭知大裘黒羔裘者祭服皆玄上纁下明此裘亦羔裘之黒者故知大裘黒羔裘又云服以祀天示質者以其衮已下皆有采章爲此大裘更無采章故云質案鄭志大裘之上又有玄衣與裘同色亦是無文采中秋獻良裘王乃行羽物　釋曰良善也仲秋所獻善裘者爲八月誓獮因所用故獻之王乃行羽物者行賜也以羽鳥之物賜羣臣以應秋氣也　注良善至羽物　釋曰云仲秋鳥獸毨毨者此是尚書堯典文案彼注毨理也毛更生整理引之者證仲秋有良裘意故鄭云因其良時

而用之也司農云良裘王所服者先鄭意良裘王所服故仲秋獻之羣臣所服裘在下經季秋獻功裘是也後鄭不從之者月令云孟冬天子始裘此良裘若是王之所服裘何得在仲秋故後鄭不從云謂良裘玉藻所謂黼裘與者案彼文云唯君有黼裘以誓獮獮是仲秋田獵之名彼獮田用黼裘與此仲秋獻良裘同時皆不爲寒設故知此良裘則與彼黼裘一也但無正文約與之同故言與以疑之也言黼裘者白與黑謂之黼謂狐白與黑羔合爲黼文故謂之黼裘秋氣嚴猛取斷割之義故用黼謂之良裘者下經功

裘之等臣所服見人功麤良裘與大裘皆君所服針
功細密故得良裘之名又云此羽物小鳥鶉雀之屬
鷹所擊者案夏官羅氏仲春羅春鳥行羽物彼注云
羽物若今南郡黃雀之屬彼黃雀即此雀之屬此鶉
與雀亦是鷹所擊故連言鶉也云仲秋鳩化為鷹仲
春鷹化為鳩者此並月令文引此者證此仲秋行羽
物與月令仲秋鳩化為鷹殺物之時是順其始殺也
故行羽物又云仲春鷹化為鳩者證羅氏仲春行羽
物與月令仲春鷹化為鳩止殺之時故云與其將止
云班羽物者揔結春秋二時皆大班行羽物　季秋

獻功裘以待頒賜　釋曰案詩云七月流火九月授衣此季秋則是九月授衣之節季秋獻功裘以待頒賜者功裘之内有羣臣所服之裘故言以待頒賜

注功裘至所服　釋曰言功裘人功微麤者此對良裘與大裘人功微密此裘人功麤故名功裘又云謂狐青麛裘之屬者案玉藻君子狐青裘豹褎麛裘青豻褎彼云君子鄭云君子大夫士也以其彼云豹褎青豻褎褎用雜故爲大夫士若君則用純引此者證功裘中有此狐青麛裘以待頒賜玉藻仍有羔裘狐裘亦是臣之所服裘不引之者之屬中含之矣若然

狐青裘者，鄭玄注云蓋玄衣之裘天子下士玄端之服皆服之又云麑裘者鄭彼注引孔子素衣麑裘謂是君臣視朔之服彼云羔裘注引孔子緇衣羔裘鄭注論語云君之視朝之服亦卿大夫士祭於君之服若然卿大夫助祭用冕服士用爵弁君朝服冕服羔裘卿大夫士弁冕用羔裘至於朝服亦用羔裘即是君臣祭服朝服同服羔裘也又云狐裘者鄭注玉藻引孔子黄衣狐裘謂是十月農功畢臘祭先祖之服據鄉來所解四種之裘君臣同有以其經云以待頒賜唯據其臣若據天子諸侯除大裘之外亦入此功裘之中案玉藻仍有狐白裘據天子之朝大夫已上所服亦入此功裘之中鄭司農云功裘卿大夫所服者先鄭之意以良裘王所服故此功裘是卿大夫所服後鄭引之在下者經云以待頒賜據臣而言司農云功裘卿大夫所服得爲一義故引之在下　王大至其鵠　釋曰言王大射者王將祭祀選助祭之人故於西郊小學之中王與諸侯及羣臣等行大射之法故云王大射也則共虎侯熊侯豹侯者虎侯者謂以虎皮飾其側九十步之侯王自射之也熊侯者以熊皮飾其側七十步之侯諸侯射之也豹侯者謂

以豹皮飾其側五十步之侯孤卿大夫已下射之也云設其鵠者其鵠還以虎熊豹皮爲之方制之三分其侯鵠居其一故云設其鵠也云諸侯則共熊侯者謂畿内諸侯三公王子母弟熊侯亦如王之熊侯諸侯自射之豹侯者亦如王之豹侯羣臣共射之也卿大夫者謂王朝卿大夫則共麋侯者亦五十步以麋皮飾其側君臣共射之云皆設其鵠者熊侯已下亦以熊豹麋之皮爲鵠三分其侯鵠居一焉故云設其鵠也　注大射至爲豹　釋曰知大射爲祭祀射者見禮記射義云天子大射謂之射侯既云天子將祭

必先習射故知大射是將祭而射也云王將有郊廟之事者郊謂祭五天帝於四郊不言圓丘祭昊天亦有可知廟謂祭先王先公皆是也云以射擇諸侯至得與於祭皆礼記射義文案彼云天子以射選諸侯卿大夫士即云是故古者天子之制諸侯歲獻貢士於天子試之射宮其容體比於礼其節比於樂而中多者得與於祭而中少者不得與於祭是其大射擇諸侯羣臣貢士得與祭之事也云諸侯謂三公及王子弟封於畿内者若六命賜官及建其長立其兩可得及卿此經卿與大夫同麋侯明諸侯之内唯有三

公子弟也言封畿内者此謂王子弟無官直得采地
而已言封畿内者對魯衛晉鄭之等封在外爲諸侯
者也云卿大夫亦皆有采地焉者案載師大都任畺
地是此諸侯也又云小都任縣地家邑任稍地是其
卿大夫亦皆有采地焉云其將祀其先祖亦與其羣
臣射以擇之者諸侯亦與畿外諸侯同五廟卿大夫
亦三廟此經不云孤孤六命亦與卿同是其祀先祖
之事也云凡大射各於其射宫者謂從王已下至大
夫大射各自於其西郊之學射宫之中知然者案儀
禮大射云公入驁自外而來入明王已下皆於郊學

也云侯者其所射也者以其雖有正鵠之别侯是摠名故云侯者所射也云以虎熊豹麋之皮飾其側者侯中上下俱有布一幅夾之所飾者唯有兩傍之側故云飾其側也云又方制之以爲皐謂之鵠著于侯中者梓人爲侯廣與崇方故云方制之質者正也所射之處故名爲質三分其侯鵠著於侯中云所謂皮侯者所謂梓人張皮侯而棲鵠云王之大射虎侯王所自射也者遠近三等人有尊卑分爲三節尊者射遠卑者射近故知王射虎侯諸侯卑於天子其自射射熊侯明助王祭亦射熊侯卿大夫卑於諸侯以其

自家射射麋侯五十步明助王亦射豹侯五十步故
知射豹侯卿大夫更言已下者兼有士亦射豹侯諸
侯之大射熊侯諸侯所自射豹侯羣臣所射以其唯
有二侯故分爲二等云卿大夫之大射麋侯君臣共
射焉者以其唯有一侯故也云凡此侯道虎九十弓
至五十弓並約鄉射記案鄉射記云鄉侯侯道五十
弓案大射大侯糝侯豻侯直言九十七十五十不云
弓故注鄉射記云大侯九十弓糝侯七十弓豻侯五
十弓並約鄉侯有弓字則大射所云九十者九十弓
七十者七十弓五十者五十弓可知也天子三侯與

彼畿外諸侯同但用皮別耳故此注虎侯九十弓熊
侯七十弓豹麋五十弓云列國之諸侯大射大侯亦
九十參七十干五十者大射所云者是也鄭注大射
云大侯者熊侯也糝侯者糝雜也豹鵠而麋飾下天
子大夫也豻侯者豻鵠豻飾也云遠尊得伸可同耳
者對此經畿內諸侯之近尊不得同於天子三侯云
所射正謂之侯者天子中之已下皆禮記射義文鄭
司農云鵠鵠毛也者先鄭意以鵠字與鴻鵠字同故
為鵠毛解之案梓人云張皮侯而棲鵠毛非可棲之
物故後鄭不從云方十尺曰侯者此先鄭之意見鄉

射鄉侯五十弓弓二寸以爲侯中侯中一丈故云十
尺此先鄭唯解五十步侯於義則可若九十七十五
十其侯揔方一丈則不可故後鄭不從云四尺曰鵠
者案梓人三分其侯鵠居一焉則無此方四尺曰鵠
故後鄭變不從云二尺曰正者案梓人張皮侯而棲
鵠大射之侯也又云張五采之侯遠國屬賓射之侯
也若然賓射射正大射射鵠此既大射正鵠雜言故
後鄭亦不從也云四寸曰質者言質即詩云發彼有
的及鵠皆是一物其鵠不止四寸而已故後鄭亦不
從玄謂侯中之大小取數於侯道者其侯道則去侯

遠近之道故引鄉射記鄉射記曰弓二寸以爲侯中者二寸據把中側骨中身也弓别取二寸以爲侯身也則九十弓者侯中廣丈八尺者據虎侯也又云七十弓者侯中廣丈四尺者據熊侯也五十弓者侯中廣一丈也者據豹侯麋侯也云尊卑異等此數明矣者破司農揔方十尺曰侯之言云考工記曰梓人爲侯廣與崇方者崇高也上下爲崇横度爲廣如鄉者侯中丈八丈四一丈皆方故云廣與崇方也云參分其廣鵠居一焉者謂三分丈八丈四一丈之侯各取一分而爲鵠故云三分其廣鵠居一焉又云然則侯

中丈八尺者鵠方六尺自此已下皆重釋鵠居一焉之義以其侯中丈八三六十八故鵠居六尺侯中丈四尺者鵠方四尺六寸大半寸者以其侯中丈四尺取丈二尺三四十二得四尺有二尺在又取尺八寸三六十八又得六寸有二寸在寸各為三分二寸併為六分取二分名為三分寸之二即是大半寸也故云鵠方四尺六寸大半寸也侯中一丈者鵠方三尺三寸少半寸者一丈取九尺三三而九得三尺一尺在又取九寸得三寸仍有一寸分為三分得一分名為少半寸故云鵠方三尺三寸少半寸云謂之鵠者

此鄭釋鵠還是虎豹等皮名爲鵠意故云謂之鵠者
取名於鳱鵠者案淮南子鳱鵠知來俗云鳱鵠是小
鳥捷黠者也故云鳱鵠小鳥而難中云亦取鵠之言
較較者直也射所以直己志者案礼記射義云循聲
而發不失正鵠者然正鵠相對之物若鵠爲鳥正亦
爲鳥若鵠爲直正則爲正直之正故射義云射者内
志正外體直是正鵠之名各有二義又云用虎熊豹
麋之皮示伏猛討迷惑者虎熊豹是猛獸將以爲侯
侯則諸侯也是示能伏得猛厉諸侯麋者迷也將以
爲侯示能討擊迷惑諸侯云射者大禮故取義衆也

者以其祭者是大事射者觀德故為大礼故於三侯之上取義衆多云士不大射士無臣祭無所擇者案孝經云天子諸侯大夫皆言爭臣士則言爭友是無臣也大射者所以擇臣士則子諸侯大夫皆言爭臣士則言爭友是無臣也大射者所以擇臣士則無臣可擇故經不言士之大射士自無大射之礼得與天子大射者以其得助祭故也是以鄭注云豹侯卿大夫已下所射已下即士也至於賓射士自為賓射故射人云士豻侯二正不得與天子賓射是以鄭射人注云此與諸侯射士不與是也云故書諸侯則共熊

侯虎侯杜子春云虎當爲豹不從故書者虎侯是天子大侯不宜在諸侯熊侯之下故不從也　大喪廞裘飾皮車　釋曰大喪謂王喪廞猶興也興象生時裘而爲之謂明器中之裘即上良裘功裘等之飾皮車者亦謂明器之車以皮飾之　注皮車至而小耳　釋曰皮車遣車之革路者案冬官考工記飾車欲侈棧車欲弇除棧車之外皆用革鞔即此皮車非專革路鄭特云皮車革路者此司裘所飾唯革路而已云故書廞爲淫鄭司農云淫裘陳裘也者此周礼一部之内猶廞者衆多故書皆爲淫先鄭皆爲陳後鄭

旨破從興〻謂興象生時之物而作之必知為陳非
為興是者車僕云大喪廞革車圉人云廞馬亦如之
即是所廞車馬又禮記檀弓云竹不成用瓦不成味
琴〻張而不平竽笙備而不和皆是興象所作明器
非陳設之理故不從先鄭玄謂廞興也若詩之興謂
象似而作之者象似生時而作但麤惡而小耳云几
為神之偶衣物必沽而小耳者案禮記檀弓孔子云
謂為俑者不仁鄭以俑為偶也故鄭云神之偶衣謂
作送死之衣與生時衣服相似又云物沽而小者沽
麤也謂其物沽略而又小即木不成用瓦不成味是

也　掌皮至獻之　釋曰云秋斂皮冬斂革春獻之
者許氏說文獸皮治去其毛曰革秋斂皮者鳥獸毛
毨之時其皮善故秋斂之革乃須治用功深故冬斂
之乾久成善乃可獻故春獻之也　注皮革至王用
釋曰知良者入司裘者以其司裘掌爲王大裘以
以下故知良者入司裘也　遂以至百工　釋曰上文
獻良者入司裘其餘入百工　因上事故云遂也百工
者即冬官六十官主作器物若裘氏韋氏函人之類
用皮者也　注式法至故事　釋曰云式法作物所
用多少故事者作若裘氏作裘函人作甲胄謂皮革

皆有用物多少之數有舊法者也　共其至邦事
釋曰鄭云當用氈則共之謂若掌次張氈案是當其
用氈則掌皮共毛毳與冬官使作氈與掌次也　歲
終則會其財齎　釋曰歲終周之十二月則會計其
皮之本數之財及出與入物之齎計知多少也　注
財斂至爲資　釋曰財斂財本數者維云財與齎二
者並據皮革而言也言斂財本數者謂四方所有皮
革之入掌皮之數是本數也云及餘見者謂出給不
盡見在庫者也云予人以物曰齎者齎有兩義上一外
府注行道曰齎此皮革無行道所用之義故齎爲出

給與人物解之也云今時詔書或曰齎計吏者漢時考使謂之計吏有詔賜與之則曰齎引之證齎是與人物也鄭司農云齎或為資先鄭意一部書齎或為資也　內宰掌書版圖之灋　注版謂至宿衛　釋曰內宰既職當內事與大宰主外事相似故知版之所書者謂宮中閽寺之屬并宮中官之子弟皆屬內宰書之於版焉既主內事故知所圖者不出王及后世子之宮中吏官府之形象也又知政令謂施閽寺者者以其閽人主中門之禁寺人掌王之內人之戒令內宰為之長故知政令者施之於閽人寺人也不

竪

言内小臣及内竪者蓋亦施之也　云稍食吏祿禀也
者吏即閽寺弟子宿衛后宮者宮正所均謂宿衛王
宮者以米禀為祿之月俸均之者當知見在空闕也
云人民吏子弟者以其所均稍食是吏之子弟明所
分宿衛還是吏之子弟也　以陰禮教六宮　釋曰
先鄭意以陰禮婦人之禮教六宮之人自后已下至
女御後鄭意以婦人之禮教后一人六宮即后也
注鄭司農至宮事　釋曰先鄭知陰礼婦人之礼者
以其將用教婦人故知陰礼是婦人之礼也云六宮
後五前一者天子謂之六寢宮人所云者是也后亦

象王之宮亦後五前一在王六寢之後爲之南北相當耳云王之妃百二十人至八十一人此是禮記昏義之文彼據周法引之者先鄭意欲見内宰敎此六宮之人也玄謂六宮謂后不從先鄭者若此文兼后至女御應言及與凡殊之下别自敎三夫人已下此文既在於上明專敎后一人而已云若今稱皇后爲中宮矣者漢舊儀有此事也引昏禮者證婦人稱宮之意也　以陰禮敎九嬪　注敎以至有文　釋曰司農意上文敎六宮之人訖此復敎九嬪者先鄭意以九嬪掌婦學之法使之敎九御故内宰特更别敎

之也後鄭意下文别教九御故知此教三夫人已下
不言三夫人世婦者舉中以見上下省文　以婦至
功緒　釋曰内宰以婦人職業之法教九御上文世
婦已上皆直言隨事不言職此言職者以其世婦以
上貴無絲枲等職業之法故也云使各有屬者女御
八十一人九人爲一屬屬猶衆也九人同時御又同
爲絲枲之事　注婦職至之事　釋曰婦職謂織紝
織紝爲一事組紃又爲一事縫線又爲一事三者皆
婦職也案詩注云王后織玄紞公侯夫人紘綖卿之
内子大帶大夫命婦成祭服士妻朝服庶士以下各

衣其夫貴賤皆有職者彼示雖貴無得遊手彰先之
意非如此絲枲二事責其功緒也又云九御女御也
者序官云女御故就而釋之也云九九而御于王因
以號焉者案下女御職云掌御敘于王之燕寢此云
九御是九九而御于王因以號焉云使之九九為屬
同時御又同事也者此鄭釋九人為屬之意也云正
其服止踰侈者女御褖衣是正不得踰侈服展衣以
上也云奇衺若今媚道者案漢書漢孝文時婦人蠱
惑媚道更相咒詛作木偶人埋之於地漢法又有官
禁云敢行婦道者若然媚道謂道妖衺巫術以自衒

媢故鄭舉漢法證經奇褎也大祭至如之　釋曰大
祭祀謂祭宗廟也后祼者謂室中二祼后亞王祼尸
獻謂朝踐饋獻后以玉爵亞王而獻尸則贊者此三
事内宰皆佐后祼時以璋瓚授后獻時以玉爵授后
故云則贊也瑶爵亦如之者謂尸卒食王酳尸后亞
王而酳尸則内宰以瑶爵授后后親酌盎齊以酳尸
云瑶爵亦如之者亦贊之也　注謂祭至爲飾　釋
以其天地山川社稷等外神后夫人不與又天地無
祼此云祼故知經云大祭祀者據宗廟而言也但宗
廟之祭四時與禘祫六享皆有此祼獻瑶爵之事故

總言宗廟也云王既祼而出迎牲后乃從後祼也者案郊特牲云既灌而出迎牲彼據君而言則知王既祼而出迎牲后乃從祼也案司尊彝注后亞王灌訖乃出迎牲者以郊特牲云既灌而出迎牲以既灌之中不言血后灌是以鄭云后灌後乃迎牲此云迎牲後后乃祼鄭以迎牲是王事欲取王事自相亞故退后祼於迎牲後也又引祭統已下者彼雖諸侯禮欲見后有從王亞祼之事與諸侯同也又云獻謂王薦腥薦孰后亦從後獻也者案礼記礼運云腥其俎孰其殽鄭云腥其俎謂豚解而腥之孰其殽謂體解而

之是其薦腥薦孰也此二者是堂上朝踐饋獻之節
室中二灌訖王出迎牲時祝延尸於户外之西南面
后薦八豆八籩王牽牲入以血毛告訖以此腥其俎
薦於神前王以玉爵酌醴齊以獻尸后亦以玉爵酌
醴齊以獻尸也朝踐訖乃孰其殽薦於神前王以玉
爵酌盎齊以獻尸后亦玉爵酌盎齊以獻尸名爲饋
獻云瑶爵謂尸卒食王既酳尸后亞獻之者案儀礼
鄭注云諸侯尸十三飯天子尸十五飯尸食後王以
玉爵酌朝踐醴齊以酳尸謂之朝獻后亦於後以瑶
爵酌饋獻時盎齊以酳尸謂之再獻故云后亞獻也

云其爵以瑶爲飾者鄉來所解知后以瑶爵亞酳尸者約明堂位云爵用玉醆仍彫加以璧散璧角合後稱加彼魯用玉礼即知王酳尸亦用玉醆后酳尸用璧角賓長酳尸用璧散彼云璧此云瑶不同者瑶玉名瑶玉爲璧形飾角口則曰璧角受四升爵爲揔號故鄭云其爵以瑶爲飾也　正后至之儀　釋曰云正后之服位者服謂若内司服禕衣已下六服皆正之使服當其用位謂后助祭之位正之使不失其所而詔其礼樂之儀者后之行礼之時皆合于樂節各當其威儀皆内宰告后使依於法度故云詔其礼樂

之儀也　注薦徹至立處　釋曰案九嬪職云贊后
薦徹豆籩是后薦徹也天子之礼薦時歌清廟及徹
歌雍是薦徹皆有樂節但内宰所詔唯詔礼耳經兼
云樂者礼樂相應也云位謂房中戶内及阼所立處
者但天子諸侯祭礼亡今云位謂房中者案儀礼特
牲云主婦亞獻尸尸拜受主婦北面拜送主婦北面
拜者避内子及尸酢主婦主婦適房中南面祭酒及
主人致爵于主婦亦於房中南面拜受爵至於少牢
主婦入戶西面獻尸及酢主婦無入房之文即此云
位謂房中戶内者據特牲士禮而言也云及阼所立

處者案少牢有司徹云主人位于阼階上獻尸侑訖主婦乃洗爵于房中出實爵尊南西面獻尸尸拜于筵上受主婦西面于主人席北拜送爵云主人席北即當阼階故云阼所立處此約有司徹而言也贊九嬪之礼事　注助九至豆籩　釋曰贊助也鄭云助九嬪贊后之事者以經云贊九嬪之礼事則助九嬪經自明矣知九嬪贊后者即鄭所引九嬪職贊后爲后薦玉齍薦徹豆籩等是九嬪贊后之事即是内宰助九嬪九嬪贊后也　凡賓至皆贊　釋曰賓客則王同姓及二王後以其非一故云凡以廣之云祼者

謂行朝覲礼訖即行三享之礼享訖乃礼賓於戶牖之閒獻謂饗燕賓客后亦助王獻賓瑤爵謂王饗燕酬賓時后亦助王酬賓皆贊助于后也　注謂王至之禮　釋曰鄭知賓客是王同姓及二王之後者見大行人云上公之礼再祼而酢侯伯一祼而酢子男一祼不酢則是上公乃有再祼王先一祼次后再祼案孝經緯云二王之後稱公則知二王之後有后祼也又案巾車云同姓金路鄭云王子母弟雖爲侯伯畫服如上公則此云王之同姓亦謂爲侯伯得與上公同再祼亦有后祼可知若同姓爲子男者則與異

姓同一祼無后祼也故鄭云謂王同姓及二王之後
來朝覲爲賓客者但祼時大宗伯代后至于拜送則
后則內宰亦贊后拜送爵云祼之礼亞王而礼賓者
案聘礼有以醴礼賓之言故鄭依而言之若據大行
人則云祼也云獻謂王饗燕亞王獻賓也若后之祼
者饗燕亦與焉案大行人云上公三饗三食三燕侯
伯再饗再食再燕子男一饗一食一燕無飲酒之礼
唯有饗燕耳饗者亨大牢以飲賓立行礼在廟獻依
命數爵盈而不飲燕礼其牲狗行一獻之礼四舉旅
降脫屨升坐其爵以醉爲度饗燕皆有獻賓酬賓后

亦助王獻賓酬賓之事内宰皆贊后也引坊記者陽
國之侯來朝於穆侯穆侯饗陽侯之時穆侯夫人亦
助君獻酬于賓其時陽侯見穆侯夫人色美遂殺穆
侯而竊其夫人歸國故大饗廢夫人之禮引之者證
古者諸侯夫人助君饗賓明天子后亦有助王饗燕
賓故經云后祼獻之事也　致后之禮　注謂諸
至賓客　釋曰致后之賓客之禮者謂若酒正云致
后之賓客之禮其掌客致夫人之禮彼諸侯夫人致
禮于賓客法明后亦致牢禮於賓鄭注掌客凡夫人
禮皆使下大夫致之則此内宰亦下大夫也云女賓

之賓客者謂畿內同姓諸侯夫人有會見王后之法故亦致礼焉凡喪至服位　釋曰喪言凡則王及后世子已下皆是以其皆有服位故云凡以廣之凡有喪事內宰贊佐后使其屬官治外內之命婦正其服之精麤位之前後也　注使使至命婦　釋曰以外內命婦卑故內宰不自治之故經云使明使其屬之上士治之云內命婦謂九嬪世婦女御者以其對外命婦故知內命婦是九嬪已下可知也不言三夫人者三夫人從后不在治限故不言也司農云王命其夫后命其婦者先鄭見礼記玉藻云君命屈狄是子

男夫人彼是后命之明王朝之臣亦王命其夫后命其婦可知玄謂士妻亦爲命婦者夏殷之礼爵命不及於士周之礼上士三命中士再命下士一命夫尊于朝妻榮于室明士妻亦爲命婦可知若然喪服命夫命婦皆據大夫不含士者彼據降服不降服爲説故唯據大夫爲命夫其妻爲命婦不及士也　凡建至陰礼　釋曰王者建国非定一所隨世而遷謂若自契至湯八遷大王遷岐文王遷豐武王遷鎬成王營洛皆是建国故云凡以該之也凡建國内宰佐后立市設其次謂司市所居置其敘謂胥師賈師等所

居正其肆謂諸行列肆之等陳其貨賄貨賄為有諸物皆陳列之也出其度量謂内宰佐后出度之丈尺量之斗斛及出淳之幅廣狹并制之丈八尺又於市中祭之以陰礼謂婦人之祭礼也、注市朝至祭礼釋曰云市朝者君所以建国也者謂建国必須有市朝故鄭即覆釋云建國者必面朝後市面朝後市乃冬官匠人文云王立朝者即三朝皆王立之也而后立市者即此文是也云陰陽相成之義者朝是陽王立之市是陰后立之獨陽不生獨陰不成故云陰陽相成之義也云次思次也者地官司市云思次介次彼注破思為司字解之云敘介次也者亦司市文介副也謂若胥師賈師等所居也案司市注次謂吏所治舍思次介次也若今市亭然敘肆行列也與此注不同者鄭望文解之彼經無肆文故以敘為行列并思次介次共為一所解之此文自有肆文故分思次介次別釋也　云陳猶處也者謂處置其貨賄也云度丈尺也者律曆有分寸尺丈引五度今只言丈尺略言之也　云量豆區之屬者此案左氏昭公傳晏子云齊舊四量豆區釜鍾又案律曆五量籥合升斗斛此獨言豆區者之屬中含之又云參之以隨礼者市

中之社先后所立社也者市乃先后所立故以陰礼為市中之社亦先后所立社也 云故書淳為敦社子春讀敦為純純謂幅廣也制謂匹長玄謂純制天子巡守礼所云制丈八尺純四咫與此二者並增成子春義趙商問云天子巡守礼制丈八尺純四咫何荅云巡守礼制丈八尺咫八寸四咫三尺二寸又大廣四當為三三八二十四二尺四寸幅廣也古三四積畫是以三誤為四也 中春至祭服 釋曰云中春詔后帥外內命婦始蠶于北郊者內宰以仲春二月詔告也告后帥領外命婦諸臣之妻內命婦三夫人

已下始蠶於北郊云以爲祭服者礼記祭義亦云蠶事既畢遂朱緑之玄黄之以爲祭服此亦當染之以爲祭服也　注蠶于至室焉　釋曰云蠶於北郊婦人以純陰爲尊者案礼記祭統云天子親耕於南郊鄭以諸侯爲少陽是天子以純陽爲尊則后蠶于北郊純陰爲尊也云郊必有公桑蠶室焉者案月令三月后妃親東鄉躬桑此云二月與彼不同者案馬質云禁原蠶者彼注天文辰爲馬引蠶書曰蠶爲龍精月値大火則浴其種是蠶與馬同氣故此亦仲春始蠶蠶者亦謂浴種至三月臨生蠶之時又浴種乃生

之故設文有異也　歲終至功事　釋曰歲終亦謂周之季冬内宰則會計内人女御之稍食稍食則月請是也云稽其功事者稽計也又當計女御絲枲二者之功事以知多少　注内人主謂九御　釋曰知内人主是女御者案典婦功授嬪婦及内人女功之事齎嬪婦既是九嬪世婦明内人是九御也　佐后至罰之　釋曰佐后而受獻功者謂内宰佐助后而受女御等獻絲枲之功布帛等云比其小大與其麤良者布帛之等纑小者則細良纑大者則麤惡今言麤不云惡言良不云細者互見爲義也云而賞罰之

者良則賞之麤則罰之以示懲勸也　注獻功至
獻功　釋曰鄭知獻功是九御之屬者上文云以婦
職之法教九御明所受獻功還是九御之屬可知司
農云烝而獻功謂冬獻功玄引典婦功職秋獻功不
從先鄭者以其内宰佐后受明是婦官所造還是典
婦功女御等秋獻功也　會内宫之財用　釋曰以
其云内宫是摠六宫之内所有用財皆會計之故鄭
云計夫人以下所用財也　正歲至其守　釋曰正
謂建寅之月歲始故摠均宫中所受稍食月俸之人
因歲始又施其女功絲枲之事憲禁令于王之北宫

者亦以歲始憲謂表縣禁令于王之北宮北宮則后宮而糾其守者謂宿衛之子弟糾其惰慢者也 注均猶至衛者 釋曰鄭以均為調度者受月請者尊卑各有常度今均之者謂調之使依常度云謂之北宮者繫於王言之明用王之禁令令之者欲見王有六寢后有六宮各自不同必繫王而言者婦人有三從之義后雖自有六宮必資王之禁令故繫王而言也云守宿衛者謂若宮伯所掌士庶子者也 上春至于王 釋曰上春者亦謂正歲以其春事將興故云上春也內宰以上春建寅之月又詔告王后帥領六

宮之人而生種稑之種而獻之于王者一則助王耕事二則示於宮内無傷敗之義也　注六宮至婦禮　釋曰云古者使后宮藏種以其有傳類蕃孳之祥者王妃百二十人使之多爲種類藏種者亦是種類蕃孳之祥故使藏種也云必生而獻之示能育之使不傷敗者生此種乃獻之非直道此種不傷敗示於宮内懷孕者亦不傷也云且以佐王耕事者王親耕后親蠶皆爲祭事今后雖不耕藏種獻之者亦是佐王耕事云共禘郊也者禘謂祭廟郊謂祀天與尊言之其實山川社稷等皆用之也鄭司農云先種後孰

謂之種後種先熟謂之稑者今世見有此先種後熟
後種先熟自驗可知也玄謂詩云黍稷種稑是也此
增成先鄭義亦以其先鄭直云先種後種不見穀名
後鄭意黍稷皆有種稑云夫人以下分居后之六宮
者此已下亦是增成鄭義所分居者唯據九嬪以下
三夫人不分居而云三夫人以下則除三夫人亦得
爲三夫人以下也云每宮者后六宮故云每此言與
下爲目也九嬪一人者九嬪九人六宮各一人則三
人在也世婦三人者世婦二十七人六宮每宮三人
則九人在也女御九人者女御八十一人六宮宮各

九人餘二十七人在世其餘謂不分者故云其餘九
嬪三人世婦九人女御二十七人世云從后唯其所
燕息焉者后不專居一宮須往即停故云唯其燕息
焉云從后者五日而沐浴者凡侍尊者須絜淨故須
沐髮浴身體也其次又上十五日而徧云者鄉所分
居六宮九嬪以下皆三分之一分從后兩分居宮假
令月一日一分從后至月五日從后者五日滿則右
邊三宮之中舊爲居宮者來替此從后者從后者又來
入右邊三宮從后者至十日又滿則左邊三宮者來
替此從后者從后者來居左邊三宮又至十五日則

三毒揔遍故云十五日而遍云者無正文鄭以意酌之故言云以疑之云夫人如三公從容論婦礼者王后六宮夫人有三分居不遍因即尊之三公坐與王論道三夫人尊卑與三公同三公侍王三夫人亦侍后故取並焉者以證三夫人不分居宮之義也　内小臣至服位　釋曰敘官云奄上士四人案夏官大僕云掌正王之服位出入王之大命則大僕掌王命及服位此小臣亦云掌王后之命正其服位則小臣侍后與大僕侍王同也　注命謂至通耳　釋曰云命謂使令所為者以其后無外事明云命者是

是使令所為云或言王后或言后通耳若以此經及
上經皆云王后下文則皆云后鄭恐人以爲別有義
意故云通耳無義例也　后出入則前驅　釋曰此
小臣是奄人與后道導道是其常也　若有至之俎
釋曰云若有祭祀賓客喪紀則擯者此三者事至無
常故云若若不定之辭也則擯者此三者后皆有事
九嬪以下從后往也三事皆與后爲擯賛也云詔后
之禮事相九嬪之禮事正內人之礼事者詔相正皆
是上擯但擯尊卑不同故以詔相別之云徹后之俎
者謂后於東房中受尸酢之俎內小臣徹之　注擯

爲至之俎　釋曰言擯爲后傳辭有所求爲者后爲上三事須物則小臣擯贊而傳辭與諸司求物供所爲也云詔相正者異尊卑也者后尊云詔詔告而已九嬪稍卑則言相相佐助之言也女御卑直正之而已云俎謂后受尸之爵飲於房中之俎者天子諸侯祭禮亡案特牲薦俎乃受尸之酢次主婦酳尸尸酢主婦於東房中受尸之酢亦有薦俎后之俎小臣所徹亦約與士禮主婦之俎同也　后有至如之　注后於至遺之　釋曰后於其族親者后有族親在四方謂畿外諸侯於有親謂若魯衛晉鄭之等也於卿大

夫亦謂同姓族在朝廷者也王后意有所善遣小臣
往以物問遺之四方諸侯言事卿大夫言令者后雖
無正令施與卿大夫時有言教至焉故云令也后於
畿外全無言教所及故以事言之也　掌王至降令
注降事至北宮　釋曰云降事群妃御見之事者
謂若九嬪職後鄭所云者是也又云降令王所求為
於北宮者王於北宮求為謂若縫人女御為王裁縫
衣裳及絲枲織紝之等皆是王之所求索王之所造
為者也言北宮者對王六寢在南以后六宮在北故
云北宮也　閽人至之禁　釋曰言閽人者黑者使

守門閽人守王宮中門耳中門者王有五門雉門爲中門掌守雉門之禁譏其出入之者也　注中門至兩觀　釋曰中門於外内爲中者雉門外有臯庫内有應路故云於外内爲中也鄭司農云王有五門庫門在雉門内爲中門路門一曰畢門者取尚書顧命云二人爵弁立於畢門之内言路門者路大也人君所居皆曰路以大爲名言畢門者從外而入路門爲終畢云謂雉門爲三門者破先鄭雉門爲二門必知雉門爲中門者凡平諸侯三門有臯應路詩云乃立臯門臯門有亢乃立應門應門將將者是也若魯三

門則有庫雉路故明堂位説魯制三兼四云庫門天子皋門則庫門向外兼皋門矣又云雉門天子應門則雉門向內兼應門矣既言庫門向外兼皋門雉門向內兼應門天子五門庫門在雉門外明矣又引春秋傳者定公二年夏五月壬辰雉門及兩觀災公羊傳曰曷為不言雉門災及兩觀主災者兩觀也主災者兩觀則曷為後言之不以微及大也今鄭所引不與彼傳同者鄭勦傳非彼正文也引之者證魯有三門雉門有兩觀不與彼傳同者鄭勦傳非彼正文也引之者證魯有三門雉門有兩觀為中門則知天子

五門雉門亦為中門有兩觀矣　喪服至入宮
注喪服至狂易　釋曰鄭云喪服衰絰也者案下曲
礼云苞屨扱衽厭冠不入公門苞屨謂杖齊衰扱衽
斬衰初死服厭冠緦小功冠檀弓云士唯公門脫齊
衰服門云大功免絰鄭云衰絰義出於彼也云凶器
明器也者案士喪礼主人所造曰明器賓客所致曰
就器此經凶器亦應兼有就器而云凶器明器者以
主人明器爲主也云縞服若衷甲者謂若襄公二十
七年將盟于宋西門之外楚人衷甲是也云兵物皆
有刻識者案定十年侯犯以郈叛孫氏之甲有物

是也云奇服衣非常春秋傳曰尨奇無常若案閔二年晉使大子申生伐東山皐落氏衣以偏衣佩之金玦罕夷曰尨奇無常金玦不復先丹木曰狂夫阻之是也　凡内至出入　注三者至出入　釋曰云當須使者符節者道路用旌節乃得行耳　以時啓閉　注時漏盡　釋曰漏盡者謂若夏至晝則日見之漏六十刻夜則四十刻冬至晝則日見漏四十刻夜則六十刻執時之間大判九日校一刻　凡外至之闢　注辟行至中者　釋曰内命夫卿大夫士之在宫中者謂若宫正所掌者也對在朝卿大夫士

蹕

爲外命夫鄭雖不解外内命婦其外命婦則惣外内命夫之妻内命婦即三夫人已下也　掌埽門庭　注門庭門相當之地　釋曰閽人掌中門則門相當之地唯中門外之地謂之門庭也若餘門庭則各有守門者埽之也　大祭至廟門　釋曰喪紀記門燎蹕宮門廟門者大喪以下朝廟及出葬之時宮中及廟門皆設門燎蹕止行人也　注燎地至之外　釋曰燎地燭也者燭在地曰燎謂若天子百公五十侯伯子男皆三十所作之狀蓋百根葦皆以布纏之以蜜塗其上若今臘燭矣對人手執者爲手燭故云

地燭也又云廟在中門之外者謂若小宗伯云左宗
廟右社稷　凡賓客亦如之　釋曰賓客在宮中廟
中謂若饗食在廟燕在寢皆爲設門燎及蹕止行人
注内人至察也　釋曰女宮刑女之在宮中者謂
男女没入縣官爲奴者也　注有司至世婦　釋曰
知有司是宮卿世婦者案春官宮卿世婦云掌女宮
之宿戒及祭祀比其具此既言致於有司明是男子
官宮卿所掌女宮也非是下文世婦之女御宮者也
佐世婦治礼事　注世婦二十七世婦釋曰上云
有司是宮卿世婦恐此亦是彼世婦故鄭云二十七

世婦以寺人是奄者故得佐世婦治礼事礼事即世婦所掌祭祀賓客喪紀之事是也　注從世至於礼　釋曰鄭知從世婦不自弔臨者此直言凡内人弔臨于外不指斥其事故知不自弔臨案世婦職云掌弔臨于卿大夫之喪故内人得從之也　云若哭族親者世婦所掌弔唯云弔卿大夫云哭族親據理而言王后有哭族親之法則内人女御亦往哭之　内豎至小事　注内后至自復　釋曰鄭知豎是童子者謂若春秋左氏叔孫穆子於庚宗婦人生牛牛能奉雉使為豎世又知童子無與為礼者案礼記玉藻云童

子無事則立於王人之南北面云内外以大事聞王則俟朝而自復若經云凡通小事復白也明大事待朝自復不使内豎也　若有至人蹕　釋曰此豎爲祭祀賓客喪紀三事爲内人蹕若皆謂在廟時若然祭祀在廟謂禘祫四時之祭祀也賓客在廟謂饗食時也喪紀在廟謂喪朝廟爲祖尊遣奠時也皆爲内人蹕止行人也　注内人至小事　釋曰鄭知内人從世婦者内人卑不專行事案下世婦職云掌祭祀已下三事與此經三事同明此内人從世婦而濯摡及爲粢盛也云内豎爲六宫蹕者以其掌内小事若

以其蹕止行人既是小事故還使内豎掌小事者蹕
也　王后至遣車　釋曰后喪遷於宫中謂七月而
葬將葬而朝七廟則亦使内豎在車前蹕止行人也
云及葬執褻器以從遣車者謂朝七廟訖且將行在
大祖廟中爲大遣奠苞牲取下體天子大牢苞九个
遣車九乘后亦同使人持之往如墓則此内豎執褻
器從遣車之後以其遣車載牲體鬼神依之故使執
褻器從之若生時亦執褻器從也　注喪遷至之器
釋曰鄭知喪遷是將葬朝於廟者以其喪柩遷在
宫中唯有朝廟時故禮記檀弓云周朝而遂葬是也

云褻器振飾頮沐之器者以其從遣車若生時從后
后之私褻小器唯有振飾頮沐之器故爲此解也若
然玉府云凡褻器鄭注以爲清器虎子不爲振飾頮
沐器者彼據生時故與牀第等連文但死者器物雖
皆不用仍法其威儀者故此注褻器爲振飾頮沐之
器不爲清器虎子也知有振飾頮沐器者案特牲爲
尸而有槃匜并有簞巾巾爲振飾槃匜爲盥手明其
頮面沐髮亦有之故既夕禮用器之中有盤匜是遣
葬之時有褻器也

周禮疏卷第七

周禮疏卷第八

唐朝散大夫行大學博士弘文館學士臣賈公彥等撰

九嬪至王所　釋曰云掌婦學之法者謂婦人所學之法即婦德已下是也言以時御敘于王所者謂月初卑者爲始望後尊者爲先是也　注婦德至月紀　釋曰鄭知婦德謂貞順已下義如此者但此經雖有四事之言無事別目案內則云姆教婉娩聽從執麻枲治絲繭織紝組紃故鄭此注婦德謂貞順當彼聽從此云婦容謂婉娩還當彼婉娩也此云婦功謂絲枲還當彼執麻枲已下惟婦言注與彼少異此注

以婦言謂辭令彼内則注以婉爲言語娩之言媚也謂容貌也不同者以彼經無四事之言故分婉娩爲二事以充四德此有四事之言故并婉娩爲容貌别以辭令解婦言然彼以婉娩亦兼婦言者以其言語婉順亦得爲容貌故也云自九嬪以下九九而御於王所者欲見三夫人及后各當一夕不爲九御也言此者釋經稱女御爲九御之意云九嬪者既習於四事又備於從人之道是以教女御也者釋經使九嬪教女御之意云既習於四事即經婦德之等是也云又備於從人之道謂御序之事即經各帥其屬以時

御敘於王所是也云各帥其屬者使亦九九相與從
於王所息之燕寢者此釋經以時御敘于王所之事
云亦九九相與從王者亦上居宮及以作一千有皆九
人相配故以亦之也云御猶進也勸也進勸王息者
案左傳云君子晝以訪問夜以安身女者定男於夜
節宣其氣故云勸王息也云亦相次敘者亦上居宮
有次敘也云凡群妃御見已下無正文鄭以意消息
婦人者陰象月紀故月與后妃其象也云早者宜先
尊者宜後者案禮運云三五而盈三五而闕后以下
法之故從微嚮著早者宜先從著嚮微卑者宜後也

云亦十五日而徧云者言亦者亦上居宫言云者亦無正文故以云疑之也云孔子云已下者孝經援神契文但彼是孔子所作故言孔子云也云日者天之明者本合在天云月者地之理者本合在地今以陽尊而陰卑月乃爲天契制所使故云陰契制上屬爲天使是以月上屬於天隨日而行云婦從夫放月紀者解后已下就王燕寢而御之意 凡祭至豆籩

釋曰言凡祭祀者后無外事唯有宗廟禘祫與四時月祭等故云凡祭祀贊玉齍者但祭祀之時男子進俎婦人設豆籩簠簋贊助也 助后薦玉齍也 云贊后

薦徹豆籩者豆籩之薦與徹皆助后也　注玉齍至
爲玉　釋曰云玉齍玉敦受黍稷器者案明堂位云
有虞氏之兩敦周之簠簋則周用簠簋特牲少牢大夫士
用敦今周天子用玉敦者明堂位賜魯得兼用四代
之器用敦明天子亦兼用可知云玉敦者謂以玉飾
敦謂若玉府云珠槃玉敦但彼以珠槃盛牛耳玉敦
盛血此玉敦盛黍稷爲異耳云后進之而不徹知者
豆籩云贊薦徹玉齍直贊不云薦徹明直贊進之而
已案礼器云管仲鏤簋注云天子飾以玉此直云玉
敦則簋亦飾以玉而不云者但玉敦后親執而設之

故特言之其簋則九嬪執而授后后設之若少牢主婦親受韭菹醓醢其餘婦贊者授主婦主婦設之故不言也　若有至從后　注當贊后事　釋曰后之有事於賓客者唯有諸侯來朝王親饗燕后當助王饗燕時九嬪從后往也　大喪至如之　釋曰大喪謂王喪帥叙哭者謂若外内命婦哭時皆依尊卑命數在后後爲前後列位哭之故須帥導使有次叙也　世婦至齍盛　釋曰此婦人所掌祭祀謂祭宗廟賓客謂饗食諸侯在廟喪紀謂大喪朝廟設祖奠與大遣奠時爲此三事則帥女官而濯摡案少牢饔人

摡鼎非俎廩人摡甑甗司宮摡豆籩爵使男子官不使婦人者彼以大夫家無婦官及無刑女故并使男子官此天子禮有刑女及婦官故與彼異也　注爲猶差擇　釋曰祭祀黍稷舂人舂之饎人炊之皆不使世婦故此爲非舂非炊是差擇可知也　及祭之物　釋曰案春官世婦云掌女宮之宿戒及祭祀比其具此官直臨之而已云凡內羞之物者謂糗餌粉餈案女宮皆從房中而來故名爲內羞是以鄭云內羞房中之羞也　掌弔臨之喪　注王使往弔　掌　釋曰案內宗云凡卿大夫之喪掌其弔臨注云王

后弔臨諸侯而已是以言掌卿大夫云文同而注異者彼上文云后有事則從大喪序哭者哭諸侯亦如之彼文與后事相連彼主於后此上文無后故知此王使往可知也若然后無外事彼弔諸侯謂三公王子母弟若畿外諸侯則后不弔以其王爲三公六卿錫衰諸侯緦衰后不弔畿外諸侯既輕於王之卿既后不親弔畿外諸侯不親弔可知若然大記諸侯夫人弔卿大夫士之喪者以其諸侯臣少故不分別尊卑夫人皆弔之也案司服公卿大夫皆王親弔之此文使世婦往弔者此蓋使世婦致礼物但弔是大名

雖致礼亦名為弔是以大僕云掌三公六卿之弔勞
注云王使往小臣云掌士大夫之弔勞注云致礼同
名為弔是其事也此所弔不言三公與孤者文不具
也　女御至燕寢注言掌至宮息　釋曰鄭云掌御
敘防上之專妬者鄭解不使九嬪世婦掌序之意若
使在上掌之則有妬疾自專之事今使女御掌之官
卑不敢專妬故也　云于王之燕寢則王不就后宮息
者破舊説云王就后宮者故鄭云此也　以歲時獻
功事　注絲枲成功之事　釋曰上内宰云教九御
使各有屬以作二事即此獻功之事故知此經獻功

事是絲枲爲布帛成而獻之也　凡祭祀賛世婦注助其帥從女宮　釋曰上世婦職云掌祭祀賓客喪紀帥女宮及祭之日從女宮之具故知此賛者助其從女宮也　大喪掌沐浴　注王及后之喪　釋曰王及后喪沐用潘浴用湯始死爲之於南牖下但男子不死於婦人之手今王喪亦使女御浴者案士喪礼浴時男子抗衾則不使婦人今王喪沐或使婦人而浴未必婦人或亦供給湯物而已亦得謂之掌也　后之喪持翣　釋曰案礼器云天子八翣又漢制度皆戴璧后喪亦同將葬向壙之時使此女御持

之左右各四人故鄭云持而從柩車也　從世至之
喪　注從之至介云　釋曰王妃妾三夫人象三公
九嬪爲孤卿二十七世婦象大夫女御象元士但介
數依命數爲差則王之大夫四命世婦之從亦四人
以無正文故言蓋言云以疑之也　女祝至之事
注内祭至報福　釋曰依祭法王立七祀有戶竈中
霤門行泰厲司命后亦與王同今鄭直云内祭祀竈
門戶者以其婦人無外事無行與中霤之等其竈與
門戶人所出入動作所由后亦當祀之故言竈與門
戶也案月令春祀戶夏祀竈秋祀門后祀之時亦當

佞此也云禱疾病求瘳也祠報福者以其后無外事禱祠又是非常之祭故知唯有求瘳報福之事也

掌以至疾殃　釋曰云掌以時招梗禬禳者此四事並非常求福去殃之事云以時者謂隨其事時不必要在四時也云招者招取善祥梗者禦捍惡之未至禬者除去見在之災禳者推卻見在之變異此四者皆與人為疾殃故云以除疾殃也　注鄭大夫至今存　釋曰鄭大夫以梗為亢惡去之去不從以為禦未至者以禬禳二者已是去惡復以梗為亢惡去之文煩而無禦未至之事故不從鄭大夫為亢惡也鄭

莄

大夫云招善者玄從之也杜子春云讀梗爲更義無
所取玄亦不從之也云四禮唯穰其遺象今存者此
四禮至漢時招梗及禬不行唯穰一礼漢日猶存其
遺象故云遺象今存也　女史大至内政政之　釋曰案上
敘官鄭注云女史女奴曉書者是以掌王后禮之職
事　注内治至貳之　釋曰云内治之法本在内宰
者案内宰職云掌書版圖之法以治王内之政令今
此云掌内治之貳故知内治之法本在内宰掌此女
史書而貳之也　逆内宮　釋曰逆謂逆而鉤考之
言内宮亦對王之六寢爲内宮謂六宮所有費用財

物及米粟當鈞考之也　書内令　注后之令
釋曰内令亦對王令爲内故鄭云后之令謂書而宣
布於六宫之中也　凡后至禮從　注亦如至於王
釋曰案大史職云大會同朝覲以書協礼事及將
幣之日執書以詔王鄭注云告王以禮事此女史亦
執礼書以從后故云如大史之於王　典婦至事齊

典婦

注婦式至之事　釋曰云法其用財舊數者此即
典絲典枲所授絲枲多少並有舊數依而授之云嬪
婦九嬪世婦者案内宰以作二事及婦功唯據九御
而言不見九嬪世婦有絲枲之事此言嬪婦者但三

夫人無職九嬪已下皆有之但女御四德不備須教
之九嬪世婦素解不須教之其實有婦職也是以魯
語云王后織玄紞公侯夫人紘綖卿之内子大帶則
貴賤皆職事也云言及以殊之者容國中婦人賢善
工作事者案下内司服注言及言凡殊貴賤也此云
言及容國中婦人者此云及非直殊貴賤亦合國中
婦人故云容也必知有国中婦人者以下典絲云頒
絲于外内工注云外工外嬪婦也故大宰九職云嬪
婦化治絲枲是其國中婦人有嬪婦之稱也云事齎
謂以女工之事來取絲枲者以其行道曰齎經云女

功事齊故知以女功之事來取絲枲也故書齎爲資杜子春讀爲資案上玄注以齊次爲聲從貝變易則兩字俱得今不破子春者從上注義可知不復重言也　凡授至褐之　注授當至署物　釋曰鄭知授當爲受者以其上文已授女功故知此爲受云國中嬪婦所作成即送之不須獻功時者以其經受嬪婦功在秋獻功上故不待秋獻功也云賈之者物不正齊當以泉計通功者婦人雖等受絲枲作有麤細善惡故以泉計而通爲功布縜惡者盡其材猶不充功直故云泉計通功也司農云若讀爲鹽已下云云者

典絲

司農之意以典婦功是都司摠掌故分別布帛其典
絲即唯主絲〻為良者也典枲唯主布〻為苦者也
若後鄭之義即以典婦功主良典絲典枲主苦者又
以絲枲之中各自有苦良若然經云苦謂就良中苦
者也云皆比方其大小者謂比方其細小者復比方
其麤大也　以共至內府　釋曰此於典絲典枲處
受其良好者入此典婦功藏之以待王及后之用故
藏之於內府也　典絲至楬之　釋曰云辨其物者
典絲唯受絲入而云辨其物謂絲有善惡麤細不同
非謂別有餘物也　注絲入至貢絲　釋曰后宮所

蠶之絲內於后宮用之以爲祭服不入典絲其歲之常貢之絲若禹貢兗州貢漆絲之等且餘官更無絲入之文亦當入此典絲也掌其至之時注絲之至文繡　釋曰案經餘官內府玉府等皆不云掌其藏與其出此官獨云掌其藏與其出故云絲之貢少藏之出之可同官也云時者若温煖宜縑帛清涼宜文繡者鄭以月驗知之文繡必於清涼者以其文繡染絲爲之若於夏日者損色故待秋涼爲之也　頒絲至授之　釋曰言以物授之者若縑帛則授之以素絲若文繡則授之以綵絲故以物而言也　注外工至女

御　釋曰上典婦功云凡授嬪婦功幷有九嬪世婦此注內工不言嬪婦直云女御者案內宰職敎女御以作二事及九嬪職敎九御以婦職則女御專於絲枲也九嬪世婦四德自備不常爲絲枲假使爲之以其善事所造唯典婦功以共王及后所用不在典絲典枲故鄭注內工中不言也　凡上至如之　釋曰云亦如之者亦以物授之謂王以絲物賜人者也

及獻至賜予　注良當至縑帛　釋曰鄭良爲苦者以其典絲典枲授絲枲使外內工所造縑帛之等良者入典婦功以共王及后之用故典枲直有苦者而

無良者明典絲亦不得有良者故破良爲苦必從苦
者見典婦功有良苦之字故破從苦苦即麤盬者也
先鄭言良功絲功縑帛者先鄭之意以爲絲功爲良
枲功爲盬故不破良爲苦玄既不從引之在下者亦
得爲一義故也　凡祭至之物　釋曰言凡祭祀者
謂祭祀天地宗廟社稷山川之等故言凡以廣之云
共黼畫者凡祭服皆畫衣繡裳但裳繡須絲衣畫不
須絲而言共絲者大夫已上裳皆先湅絲則玄衣亦
須絲爲之乃後畫故兼衣畫而言之也組就者謂以
組爲冕旒之就故組就連言之云之物者謂絲之物

色共之　注以給至曰就　釋曰云以給衣服者經云共據王而言注云給據臣而言鄭欲見尊卑皆授絲物也言衣物釋經黼畫俱周之冕服九章衣五章裳四章龍衮已下直言黼者據美者而言謂若詩云玄衮及黼尚書云麻冕黼裳之類云冕旒者釋經組就謂若弁師云十二就之等云及依者亦釋經黼此據祭祀謂若掌次大旅上帝設皇邸邸即屏風爲黼文云盥巾者亦釋經黼謂若冪人職云王巾皆黼之類云之屬若殯有加斧於椁上及綃黼丹朱之類也云白與黑謂之黼若繢人職文云采色一成曰就者

謂若典瑞云五采五就弁師十二就之等皆是采色一成爲就也　喪紀至之物　注以給至之文　釋曰此鄭並據士喪禮而言云以給線縷者謂所裁縫皆用線縷釋経絲也云著盱口綦握之屬者釋経纊組案士喪禮握手玄纁裏著組繫案喪大記屬纊以俟絶氣内則云屨著綦鄭云綦屨繫是用纊組之事也云青與赤謂之文績人職文繡之屬亦用絲故連言也　凡飾至組焉　注謂茵至之屬　釋曰上既言祭祀喪紀所用絲纊訖今復云飾邦器故知此據生人所飾器物言茵者謂若少儀云枕几茵穎之等鄭云

茵蓐是也云席者謂席之四緣若司几筵云紛純畫純黼純之等是也屏風者即上文注黼依也重言之者上據祭祀時此據爲王所用謂若司几筵云扆前者是也云之屬者謂國家所用文織絲組處皆受之故云之屬以廣之　歲終至會之　注種別至著之　釋曰言種別爲計者自上經所用掌其藏與其出及黼畫已下各別爲計故司農云各以其所飾之物計會傳著者謂此物之多少作文書使相傳著其一簿也　典枲至授齎　釋曰云掌布緦縷紵之麻草之物者欲見布緦縷用麻之物紵用草之物布中

可以兼用葛蒯之草爲之云以待時頒功而授齎者
上典絲鄭注解時者用絲有四時之別此鄭不解者
有麻草所爲四時皆得故不釋也云授齎者亦如典
婦功注謂以女功事來取者　注總十至作資　釋
曰鄭知緦十五升布抽其半者礼記雜記文白而細
疏曰紵者鄭目驗而知之　及獻至時頒　釋曰
獻功者即上典婦功云秋獻功是也云以待時頒者
即下文頒衣服及賜予是也　注其良至布紵　釋
曰云其良功亦入於典婦功者亦欲見典絲典枲良
功皆入典婦功苦功自入故此與典絲同爲此解也

内司服

司農云功苦謂麻功布紵者先鄭意絲功爲良故彼注不破良字云良功絲帛也此典枲云苦功謂麻功爲盬麤之功玄引之在下亦見得通一義也　頒衣至如之　注授之至互文　釋曰言授受班者謂王賜無常云帛言待有司之政令布言班衣服者帛謂典絲布謂典枲據成而言知爲互文者以其典絲典枲俱不爲王及后之用皆將頒賜故知互見爲義也

歲終則各以其物會之　釋曰鄭無注者以其義與典絲同彼已注故於此略也

内司至素沙　釋曰云掌王后之六服者自褘衣至緣衣是六褘衣者

自褘衣至緣衣是六褘衣者亦是翟而云衣者以其
衣是服之首故因言衣也褘當為翬即翬雉其色玄
也揄狄者揄當為搖狄當為翟則搖雉其色青也闕
狄者其色赤上二翟則刻繒為雉形文畫之此闕翟
亦刻為雉形不畫之為彩色故名闕狄也此三翟皆
祭服也鞠衣者色如鞠塵色告桑之服也展衣者色
白朝王及見賓客服緣當為褖〻衣者色黑御於王
服也素沙者此非服名六服之外別言之者此素沙
與上六服為裏使之張顯但婦人之服不殊裳上下
連則此素沙亦上下連也王之吉服有九韋弁已下

常服有三與后鞠衣已下三服同但王之祭服有六后祭服唯有三翟者天地山川社稷之等后夫人不與故三服而已必知外神后夫人不與者案內宰云祭祀祼獻則贊天地無祼言祼唯宗廟又內宰外宗佐后皆云宗廟不云外神故知后於外神不與是以白虎通云周官祭天后夫人不與者以其婦人無外事若然哀公問云夫人為天地社稷主者彼見夫婦一體而言也　注鄭司農至于此　釋曰司農云禕衣畫衣也者先鄭意禕衣不言狄則非翟雉知畫衣者以王之冕服而衣畫故知后衣畫也又引祭統者

彼據二王後夫人助祭服褘衣與后同也揄狄闕狄畫羽飾者以其言狄是翟羽故也云展衣白衣也見鞠衣黃以土色土生金金色白展衣文承鞠衣之下故知展衣白也引喪大記證闕狄與展衣爲婦人服故也彼君以卷據上公而言夫人以屈翟據子男夫人復時互見爲義云世婦以襢衣者彼亦據諸侯之世婦用襢衣復之所用也云鞠衣黃衣也素沙赤衣也者先鄭意以素沙爲服名又以素沙爲赤色義無所據故後鄭不從之玄謂狄當爲翟者破經二狄從翟雉之翟也伊洛而南已下至曰搖皆爾雅文言伊

而南有雉素白爲質兼青赤黄黑五色皆備成其文
章曰翬雉云江淮而南青質五色皆備有以成文章
曰搖雉玄引此者證褘揄爲雉也又云翬衣畫翬者
以先鄭褘衣不言翟故增成搖狄畫搖者亦就足先
鄭之義云闕翟刻而不畫者此無正文直以意量之
言翟而加闕字明亦刻繒爲雉形但闕而不畫五色
而已云此三者皆祭服者對鞠衣已下非祭服也云
從王祭先王則服褘衣祭先公則服揄翟祭群小祀
則服闕翟鄭言此者欲見王后無外事唯有宗廟分
爲二與王祀先王袞冕先公鷩冕同差羣小祀王玄

冕故后服闕翟也云今世有圭衣者蓋三翟之遺俗
者漢有圭衣刻爲圭形綴於衣是由周禮有三翟別
刻繒綴於衣漢俗尚有故云三翟遺俗也云鞠衣黃
桑服也者謂季春將蠶后服之告先帝養蠶之服云
色如鞠塵者麴塵不爲麴字者古通用云象桑葉始
生者以其桑葉始生即養蠶故服色象之引月令者
證鞠衣所用之事故云告桑事也云展衣以禮見王
及賓客之服知義然者以其鞠衣在上告桑之服祿
衣在下御於王之服展衣在中故以爲見王及賓客
之服但后雖與王體敵夫尊妻卑仍相朝事與賓同

諸侯爲賓客於王后助王灌饗賓客則后有見賓客之禮是以亦服展衣也云字當爲襢〻之言亶〻誠也者案禮記作襢詩及此文作展皆是正文鄭必讀從襢者二字不同必有一誤襢字衣傍爲之有衣義且爾雅展亶雖同訓爲誠展者言之誠亶者行之誠貴行賤言襢字以亶爲聲有行誠之義故從襢也又引詩者鄘風刺宣姜淫亂不稱其服之事云其之翟也胡然而天也胡然而帝也言其德當神明又曰其之展也展如之人兮邦之媛也言其行配君子云二者之義與禮合矣者言服翟衣尊之如天帝比之如

神明此翟與彼翟俱事神之衣服展則邦之爲媛助展衣朝事君子之服是此禮見王及賓客服故云二者之義與禮合若然内則注夫人朝於君次而褖衣也者彼注謂御朝也引雜記及喪大記者欲破緣衣爲褖衣之事云字或作稅者或雜記文故雜記云夫人稅衣又云狄稅素沙並作稅字亦誤矣故云此緣衣者實褖衣也云褖衣御于王之服亦以燕居者案尚書多士傳云古者后夫人侍於君前息燭後舉燭至於房中釋朝服然後入御於君注云朝服展衣君在堂大師雞鳴于簷下然後后夫人鳴珮玉于房中

告燕服入御以此而言云釋展衣朝服告以燕服然
後入御明入御之服與燕服同祿衣以其展衣下唯
有祿衣故知御與燕居同祿衣也以其御與燕居同
是私褻之處故同服云男子之祿衣黑則是亦黑也
者男子祿衣黑禮雖無文案士冠禮陳服於房爵弁
服皮弁服玄端服至於士喪禮陳襲事于房亦云爵
弁服皮弁服祿衣祿衣當玄端之處變言之者冠時
玄端衣裳別及死襲時玄端連衣裳與婦人祿衣同
故雖男子之玄端亦名祿衣又見子羔襲用祿衣纁
袡譏襲婦服纁袡與玄衣相對之物則男子祿衣黑

矣男子祿衣既黑則是此婦人祿衣亦黑可知鄭言此者以六服之色無文欲從此向上推次其色以此爲本故言之也云六服備於此矣者經傳云婦人之服多矣文略不備言六服唯此文爲備故言六服備於此矣鄭言此者亦欲推次六服之色故也云禕揄狄展聲相近者禕與翬揄與搖狄與翟展與襢四者皆是聲相近故云誤也云緣字之誤也者緣與祿不得爲聲相近但字相似故爲字之誤也云以下推次其色則闕翟赤揄翟青禕衣玄者王后六服其色無文故須推次其色言推次者以鞠衣象麴塵其色黃

衣與男子褖衣同其色黑二者為本以五行之色從
下向上以次推之水色既黑褖衣象之水生於金褖
衣上有展衣則展衣象金色白故先鄭亦云展衣白
衣也金生於土土色黃鞠衣象之土生於火火色赤
鞠衣上有闕翟則闕翟象之赤矣火生於木木色青
闕翟上有揄翟象之青矣五行之色已盡六色唯有
天色玄褘衣最在上象天色玄是其以下推次其色
也云婦人尚專一德無所兼連衣裳不異其色者案
喪服上云斬衰裳下云女子髽衰三年首言衰不言
裳則連衣裳矣又昏禮云女次純衣亦不言裳是其

婦人連衣裳〻衣旣連則不異其色必不異色者爲
婦人尚專一德無所兼故也云素沙者今之白縳也
者素沙爲裏無文故舉漢法而言謂漢以白縳爲裏
以周時素沙爲裏耳云六服皆袍制以白縳爲裏使
之張顯者案雜記云子羔之襲繭衣裳則是袍矣男
子袍旣有衣裳今婦人衣裳連則非袍而云袍制者
正取衣複不單與袍制同不取衣裳別爲義也云今
世有沙縠者名出于此者言漢時以縠之衣有沙縠
之名出於周禮素沙也　辯外至素沙　釋曰上言
王后六服此論外内命婦不得有六服唯得鞠衣已

下三服尊卑差次服之而已亦以素沙爲裏故云素沙也　注内命至褘衣　釋曰鄭以内命婦無過三夫人已下外命婦無過三公夫人已下但經云鞠衣以下則三夫人三公夫人同皆得闕狄以下則此命婦之中無三夫人及三公夫人矣故内命婦從九嬪爲首也鄭必知九嬪已下服鞠衣以下者但九嬪下有世婦女御三等鞠衣已下服亦三等故知鞠衣以下九嬪也展衣以下世婦也褖衣女御也云外命婦者其夫孤也則服鞠衣其夫卿大夫也則服展衣其夫士也則服褖衣者此約司服孤絺冕卿大夫同玄

冕士皮弁三等而言之孤已下妻其服無文故以此三等之服配三等臣之妻也孤妻亦如九嬪三服俱得也卿大夫妻亦如世婦展衣褖衣俱得也士妻褖衣而已但司服孤卿大夫士文承諸侯之下皆據諸侯之臣而言若然諸侯之臣妻亦以次受此服是以玉藻云君命屈狄再命褘衣一命襢衣士褖衣注云此子男之夫人及其卿大夫士之妻命服也褘當爲鞠諸侯之臣皆分爲三等其妻以次受此服若然五等諸侯之臣命雖不同有孤之國孤絺冕卿大夫同玄冕無孤之國則卿絺冕大夫玄冕其妻皆約夫而

服此三等之服其天子之臣服無文亦得與諸侯之臣服同是以此外命婦服亦得與諸侯臣妻服同也云三夫人及公之妻其闕狄以下乎者婦人之服有六從下向上差之内命婦三夫人當服闕狄外命婦三公夫人亦當闕狄若三夫人從上向下差之則當揄狄是以玉藻云王后褘衣夫人揄狄注夫人三夫人若三公夫人不得過闕狄知者射人云三公執璧與子男執璧同則三公亦毳冕玉藻君命屈狄據子男夫人則三公之妻當闕狄三夫人其服不定三公夫人又無正文故總云乎以疑之也云侯伯之夫人

揄狄子男夫人亦闕狄唯二王之後禕衣若玉藻云夫人揄狄夫人三夫人亦侯伯之夫人鄭必知侯伯夫人揄翟者以玉藻云君命闕狄再命鞠衣一命襢衣夫並是子男之国闕翟既當子男夫人以上差之侯伯夫人自然當揄翟二王後夫人當禕衣矣案喪大記云復君以卷注云上公以衮則夫人用禕衣又案隱五年公羊云諸公者何天子三公稱公若然天子三公有功加命服衮冕其妻亦得服禕衣矣此注直云二王後不云三公之内上公夫人若以其八命則毳冕夫人服闕翟不定故不言若然喪大記注云

公之夫人容三公夫人兼二王後夫人矣明堂位云
夫人副褘是魯之夫人亦得褘衣故彼鄭注副褘王
后之上服唯魯及王者之後夫人服之以此而言則
此注亦含有九命上公夫人與魯夫人同也　凡祭
至如之　釋曰上陳尊卑以次受服之事此文陳所
用之時云凡祭祀者婦人無外事言凡祭祀唯據宗
廟大小祭祀云賓客者謂后助王灌饗諸侯來朝者
云共后之衣服者祭祀共三翟賓客共展衣云九嬪
世婦者謂此后祭祀賓客時云凡命婦者兼外内命
婦也　云喪衰亦如之者外命婦喪衰謂王服齊衰於

后無服若九嬪已下及女御於王服斬衰於后服齊衰也　注凡者至降焉　釋曰鄭知凡中内命婦唯有女御者據上文外内命婦服唯有鞠衣已下此經上已云九嬪世婦則内命婦中唯有女御也其外命婦中則有孤妻以下云言及言凡殊貴賤也者言及者欲見九嬪賤於后言凡者欲見外命婦及女御賤於世婦也云春秋之義王人雖微者猶序於諸侯之上所以尊之也者以其内命婦中女御卑於世婦可以言凡以殊之於外命婦中有公孤卿大夫之妻尊於女御而使外命婦揔入女御中言凡以殊之者案

僖公八年春王正月公會王人齊侯宋公以下盟於洮傳曰王人者何微者也曷爲序乎諸侯之上先王命也是以微者即士以其天子中士已上於經見名氏天子下士名氏不見今直云人是天子下士序在諸侯上是尊王命若九嬪雖卑於三公夫人世婦卑於孤卿妻言凡以殊之在上亦是尊々此王之嬪婦世云臣之命者再命以上受服則下士之妻不共也者此約大宗伯男子之服彼云一命受職再命受服則天子上士三命中士再命乃受服天子下士一命則不受故鄭云下則不共也云外命婦唯王祭祀賓

客以礼佐后得服此上服者案此上經士妻褖衣大
夫妻展衣案特牲主婦纚笄綃衣少牢主婦髲鬄衣
侈袂士妻不衣褖衣大夫妻侈綃衣袂不衣展衣如
其夫自於家祭降服是自於其家則降上經祭祀賔
客共后之服是外命婦助后祭祀賔客乃服上服也
后之至之物　釋曰后喪所共衣服者正謂襲時
十二稱小歛十九稱大歛百二十稱及内具之物
注内具至之屬　釋曰知内具之物是紛帨線纊鞶
袠之屬者案内則婦事舅姑有紛帨線纊鞶袠故
死者入壙亦兼有數物言之屬者案内則更有刀礪

小觿之等故云之屬以揔之也縫人至衣服　釋曰
云掌王宮之縫線之事者謂在王宮須裁縫者皆縫
人縫之以役女御以縫王及后之衣服者役女御謂
為女御所使役而縫王及后衣服也　注女御至線
縷　釋曰云女御裁縫王及后之衣服則為役助之
者釋經以役女御縫王及后之衣服之文也云宮中
餘裁縫事則專為焉者釋經掌王宮之縫線之事也
喪縫棺飾焉釋曰此喪以王為主但是王家后世子
已下亦縫棺飾焉　注孝子至為焉　釋曰云孝子
既啓見棺猶見親之身若動欲釋與棺為飾之意云

旣載飾而以行遣以葬者案旣夕禮日側遂匠納車於階間御柩而下載之於蜃車之上乃加帷荒飾棺訖乃還車向外移柩車去載處設祖奠明日旦乃更徹祖奠設遣奠苞牲取下體乃引向壙故云旣載飾而以行遣以葬也云若存時居於帷幕而加文繡者幕人共帷幕幄帟綬鄭注云在旁曰帷在上曰幕是存時居於帷幕而云如文繡者生時帷幕無文繡今死恐衆惡其親更加文繡即所引喪大記已下是也云君龍帷者鄭彼注畫龍爲帷云三池者鄭云象生時有承霤以竹爲之闕於天子故有前及左右而已

云振容者謂於竹池之內畫搖雉於絞繒之上垂之於下車行振動以爲容儀云黼荒者鄭云荒蒙也謂謂車上蒙覆之黼白黑文於荒之四畔也火三列黻三列黑與青謂之黻兩已相背火形如半環然列行也爲火形三行謂兩已相背三行云素錦褚者謂幄帳諸侯以素錦爲幄帳以覆棺上云加僞荒者僞即帷也既覆棺以褚乃加帷加荒於其上云纁紐六者紐謂繫連帷荒以纁色爲之左右各三紐并之六耳云齊五采五貝者謂於荒之中央以五采繒爲之綴貝絡其上形如瓜瓣然黼翣二黻翣二畫翣二者案

彼注引漢禮翣方扇以木為匡廣三尺兩角高二尺四寸柄長五尺以布覆之為白黑文則曰黼翣以青黑文則曰黻翣為雲氣則曰畫翣也云皆戴圭者謂置圭於翣之兩角為飾也云魚躍拂池者謂於池內懸銅魚車行振動以拂池云纁戴六纁披六者謂於車輿兩廂各豎三隻軨子戴值也謂以纁為值繫其軨子各使相值因而繫前後披兩廂各使人持制之以備車之傾側也其實兩廂各三而云六者人君禮文圜數而備言六耳云此諸侯禮也者天子無文故取諸侯法以推天子礼也云礼器天子八翣已下者

欲明天子加數之意云漢禮器制度者亦明天子加數與喪大記不同之義也　衣翣柳之材　釋曰翣即上注方扇是也柳即上注喪大記帷荒是也上二者皆有材縫人以采繒衣纏之乃後張飾於其上故云衣翣柳之材也　注必先纏衣其木至不蹕　釋曰云柳之言聚諸飾之所聚者即龍帷黼荒火三列黻三列之屬是也書曰者是濟南伏生書傳文故云度西曰柳穀見今尚書云宅西曰昧谷度亦居也柳者諸色所聚曰瞥没其色亦兼有餘色故云柳穀引之者見柳有諸色又云春秋襄二十五年左氏傳齊崔

杼秋莊公側之於北郭丁亥葬諸士孫之里四翣不蹕下車七乘是也引之者證有翣義也　染人至獻功　釋曰云凡染春暴練者以春陽時陽氣燥達故暴曬其練夏纁玄者夏暑熱潤之時以朱湛丹秫易可和釋故夏染纁玄而爲祭服也秋染夏者夏謂五色至秋氣涼可以染五色也冬獻功者纁玄與夏揔染至冬功成並獻之於王也　注暴練至名焉　釋曰云暴練練其素而暴之者素即繒也先練乃暴之此謂國家須練而用者非謂祭服若祭服則先染絲乃織之不得爲練也司農云纁謂絳也若絳即爾雅

及鍾氏所云三入為纁者是也云夏大也秋乃大染
後鄭不從者下文有夏采及禹貢羽畎夏狄皆謂夏
為五色之翟玄謂纁玄者謂始可以染此色者以其
石染當及夏月乃可為之故云始也云玄纁天地之
色者案易九事章云黄帝堯舜垂衣裳蓋取諸乾坤
乾坤即天地之色但天玄地黄而玄纁者土無正位
託位南方火火色赤與黄共為纁也凡六冕之服皆
玄上纁下故云以為祭服即祭義云玄黄之者是也
云石染當及盛暑熱潤始湛研之三月而后可用者
並約考工記鍾氏職而言故彼云以朱湛丹秫三月

而織之是以鄭云考工記鍾氏則染纁術也鄭意以染纁鍾氏有其法術欲推出染玄無正文故玄染玄則史傳闕矣染玄雖史傳闕推約則有之故鄭注鍾氏及士冠禮云玄則六入幽是也云染夏者染五色者謂夏即與五色雉同名夏故知染五色也故鄭即云謂之夏者其色以夏狄爲飾是以績人職云五色備謂之繡也引禹貢曰以下者甽谷也羽山之谷有夏之五色之翟雉貢焉云夏狄是其總者直云夏狄不別云雉名故知是其總也云其類有六以下者是爾雅釋鳥文云其毛羽五色皆備成章者即爾雅云

伊洛之南素質五色皆備成章曰翬江淮之南青質五色皆備成章曰搖舉此二者餘四者亦然是其五色皆備成章也云染者擬以爲深淺之度是以放而取名焉者但夏狄五色是自然之色今染五色者準擬以爲深淺之度染五色與雉同名故云是放而取名也

追師至賓客　釋曰云掌王后之首服者對夏官弁師掌男子之首服首服則副編次也云追衡笄者追治玉石之名謂治玉爲衡笄也云爲九嬪及外內命婦之首服者此云及則與上內司服同亦是言及殊貴賤九嬪下不言世婦文略則外命婦中有

三公夫人卿大夫等之妻內命婦中唯有女御也云以待祭祀賓客者亦謂助后而服之也　注鄭司農至后同　釋曰司農云追冠名者者見士冠禮夏后氏牟追故引士冠爲證云追師掌冠冕之官故幷主王后之首服者此鄭意以追師掌作冠冕弁師掌其成法若縫人掌縫衣别有司服内司服之官相似故有兩官共掌男子首服也後鄭不從者此追師若兼掌男子首服亦當如下屨人職云掌王及后之服屨兼王爲文今不云王明非兩官共掌此直掌后已下首服也又引祭統者證副是首飾又引春秋者是桓

二年臧哀伯辭彼云衡紞紘綖則據男子之衡引證此者司農意男子婦人皆有衡後鄭意亦爾但後鄭於此經無男子耳玄謂副之言覆所以覆首為之飾者副者是副貳之副故轉從覆為蓋之義也云其遺象若今步繇矣漢之步繇謂在首之時行步繇動此據時目驗以曉古至今去漢久遠亦無以知之矣案詩有副笄六珈謂以六物加於副上未知用何物故鄭注詩云副既笄而加飾古之制所有未聞是也云服之以從王祭祀者鄭意三翟皆首服副祭祀之中含先王先公羣小祀故以祭祀摠言之也云編編列

髮爲之者此鄭亦以意解之見編是編列之字故云
編列髮爲之云其遺象若今假紒矣者其假紒亦是
鄭之目驗以曉古至今亦不知其狀也云服之以桑
也者上注鞠衣以告桑此下注及鄭荅志皆云展首
服編此直據鞠衣服之以桑不云展衣者文略其編
亦兼於展衣也云次次第髮長短爲之者此亦以意
解之見其首服而云次明次第髮長短而爲之云所
謂髮髢者所謂少牢主婦髮髢即此次也言髮髢者
鬄髮也謂剪鬄取賤者刑者之髮而爲髢鄭必知三
翟之首服副鞠衣展衣首服編禄衣首服次者主之

祭服有六首服皆冕則后之祭服有三首服皆副可
知昏禮女次純衣純衣則褖衣褖衣而云次則褖衣
首服次可知其中唯有編明配鞠衣展衣也亦服之
以見王者上注展衣云以禮見王則展之首服編以
禮見王此又云次以見王者則見王有二一者以禮
朝見於王與見賓客同則服展衣與編也一者褖衣
首服次接御見王則褖衣與次則此注見王是也故
二者皆云見王耳云王后之燕居亦纚笄總而已者
案士冠礼纚長六尺以韜髮笄者所以安髮總者旣
繫其本又總其末燕居謂不至王所自在燕寢而居

時也案雞鳴詩云東方明矣朝既昌矣毛云東方明則夫人纚笄而朝但諸侯夫人於国衣服與王后同而得服纚笄而朝者此經云副編次以待祭祀賓客明燕居不得著次自然著纚笄而毛云著纚笄朝者毛更有所見非鄭義若然彼鄭不破之者以其纚笄燕居無正文故且從毛也其實朝王時首服編也引詩追琢其璋者證追是治玉石之名云王后之衡笄皆以玉爲之者以弁師王之笄以玉故知后與王同用玉也弁師云諸公用玉爲瑱詩云玉之瑱也據諸侯夫人夫人與君同用玉瑱明衡笄亦用玉矣其三

夫人與三公夫人同服翟衣明衡笄亦用玉矣其九嬪命婦等當用象也云唯祭服有衡知者見經后與九嬪以下別言明后與九嬪以下差別則衡笄唯施於翟衣取鞠衣以下無衡矣又見桓二年哀伯云袞冕黻珽帶裳幅舃衡紞紘綖並據男子之冕祭服而言明婦人之衡亦施於三翟矣故鄭云唯祭服有衡也鞠衣已下雖無衡亦應有紞以懸瑱是以著詩云充耳以素以青以黃是臣之紞以懸瑱則知婦人亦有紞以懸瑱也云垂于副之兩旁當耳其下以紞懸瑱者傳云衡紞紘綖與衡連明言紞為衡設矣笄既

横施則衡垂可知若然衡訓爲横既垂之而又得爲
横者其笄言横據在頭上横貫爲横此衡在副旁當
耳據人身竪爲從此衡則爲横其衡下乃以紞懸瑱
也引詩者彼鄘風注云玼鮮明貌鬒黑髮如雲言美
長也屑用也髢髲也引之者證服翟衣首有玉瑱之
義故云是之謂也其紞之采色瑱之玉石之别者婦
得服翟衣者紞用五采瑱用玉自餘鞠衣以下紞則
三采瑱用石知義然者案著詩云充耳以素鄭彼注
云謂從君子而出至於著君子揖之時也我視君子
則以素爲充耳謂所以懸瑱者或名爲紞織之人君

五色臣則三色而已此言素者目所先見而云下云尚之以瓊華注云美石彼下經又云充耳以青充耳以黄據臣三色故云人君五色矣詩云玉之瑱據君夫人云用玉則臣之妻與夫同美石彼毛注以素為象瑱鄭不從者若素是象瑱文何以更云瓊華瓊英之事乎故鄭以為紞也云笄卷髮者鄭注喪服小記亦云笄帶所以自卷持云外内命婦衣鞠衣襢衣者服編衣褖衣者服次知者案昏礼云女次純衣純衣則褖衣據士服爵弁親迎攝盛則士之妻服褖衣首服次亦攝盛褖衣既首服次二翟首服副鞠衣襢衣

首服編可知云外内命婦非王祭祀賓客佐后之禮自於其家則亦降焉知者大夫妻服襢衣首服編士妻服褖衣首服次少牢特牲是大夫士妻特牲云主婦纚笄宵衣少牢云主婦髲鬄衣移袂但大夫妻移袂爲異又不服編故知自於其家則降是以即引少牢爲證耳云移褖衣之袂者此鄭覆解少牢主婦衣移袂者是移褖衣之袂上既云移袂今又云移褖衣之袂不同者但士之妻服綃服褖衣助祭及嫁時不移其袂今大夫妻綃衣移而以褖衣袂者以大夫妻與士妻綃衣名同不得言移於綃衣之袂故取褖衣

世云凡諸侯夫人於其國衣服與王后同者以其諸
臣之妻有助后與夫人祭之事諸侯夫人無助后之
事故自於本國衣服得與王后同也　所同者上公夫
人得褘衣已下至禒衣從君見大祖褕翟從君祭
羣廟闕翟從君祭羣小祀鞠衣以告桑展衣以礼見
君及賔客禒衣以接御侯伯夫人得褕翟已下褕翟
從君見大祖及羣廟闕翟已下與上公夫人同子男
夫人得闕翟已下闕翟從君見大祖及羣廟與羣小
祀鞠衣已下與侯伯同並纚笄綃衣以燕居　世二王
之後與魯夫人亦同上公之禮故明堂位云季夏六

六月以禘禮祀周公於大廟夫人褘衣是也　屨人至舄屨釋曰云掌王及后之服屨者但首服在上尊又是陽多變是以追師與弁師男子婦人首服各别官掌之屨舄在下卑又是陰少變故男子婦人同官掌之也　云爲赤舄以下謂掌而營造之故云爲也　赤舄者男子冕服婦人闕狄之舄也黑舄者天子諸侯玄端服之舄赤繶已下云繶云句者欲言繶約以表見其舄耳赤繶者是天子諸侯黑舄之飾黄繶者與婦人爲玄舄之飾也青句者與王及諸侯爲白舄之飾凡屨舄皆有約繶純三者相將各言其一者欲互

見其屨舄故多舉一邊而言也素屨者大祥時所服
去飾也葛屨者自赤舄以下夏則用葛爲之若冬則
用皮爲之在素屨下者欲見素屨亦用葛與皮故也
注屨自至皮時　釋曰云屨自明矣必連言服者
著服各有屨也者屨舄從裳色裳既多種故連言服
也云複下曰舄禪下曰屨者下謂底複重底重底者
名曰舄禪底者名曰屨也無正文鄭目驗而知也云
古人言屨以通於複者肯直云屨人不言舄及總舄
屨兩有是言屨通及舄周公即古人也故云古人言
屨以通於複也云今世言屨以通於禪者謂漢時爲

今世但漢時名複下者為屨并通得下禪之屨故云
俗易語反與云與者無正文鄭以意解之故云與以
疑之也云舄屨有絇有繶有純者飾也者言繶是牙
底相接之縫綴於其中言絇謂屨頭以條為鼻純
謂以條為口緣經不云純者文略也鄭司農云赤繶
黃繶以赤黃之絲為下緣者此即牙底相接之縫也
也引士喪禮者證繶為下緣云皆繶緇純者葛屨皮
屨皆有繶也緇純今用緇則繶絇亦用緇色也玄謂
凡屨舄各象其裳之色者屨舄與裳俱在下體其色
同制舄屨與屨與裳色同也引士冠禮者證屨同裳

色云玄端黑屨者凡玄端有上士玄裳中士黄裳下士雜裳今云黑屨者據玄裳為正也云青絇繶純者屨飾從繡次也云素積白屨者皮弁服素積以為裳故白屨也云緇絇繶純者亦飾從繡次也云爵弁纁屨黑絇繶純者鄭云尊祭服飾從繢次言是也者是屨從裳色之義也云王吉服有九者則司服六冕與韋弁及弁冠弁是也云舄有三等者謂赤舄黑舄白舄也云赤舄為上冕服之舄者此經先言赤舄是舄中之上是六冕之舄也引詩者是韓侯之詩也玄衮者冕服皆玄上纁下而畫以衮龍云赤舄者象纁裳

故也引之者證諸侯得與王同有三等之舄赤舄為上也云下有白舄黑舄者白舄配韋弁皮弁黑舄配冠弁服案司服注韋弁以韎韋為弁又以為衣裳則韋弁其裳以韎之赤色韋為之今以白舄配之其色不與裳同者鄭志及聘礼注韋弁服皆云以素為裳以無正文鄭自兩解不定故得以白舄配之冠弁服則諸侯視朝之服是以燕礼記云燕朝服鄭云諸侯與其羣臣日視朝之服也謂冠玄端緇帶素韠白屨也白屨即與皮弁素積白屨同今以黑舄配之不與裳同色者朝服與玄端大同小異皆玄冠緇布衣而

裳有異耳若朝服則素裳白屨若玄端之裳則玉藻
云韠君朱大夫素士爵韋是韠從裳色則天子諸侯
朱裳大夫素裳皆不與裳同色者但天子諸侯有
三等玄端既不得與祭服同赤舄若與韋弁皮弁同
白則黑舄無所施故從上士玄裳為正而黑舄也大
夫玄端素裳亦從玄裳黑屨矣云王后吉服六唯祭
服有舄者以王舄有三后舄不得過王故知后舄亦
三等但冕服有六其裳同故以一舄配之后翟三等
連衣裳而色各異故三翟三等之舄配之云玄舄為
上禕衣之舄也下有青舄亦舄者玄舄配禕衣則青

舄配揺翟赤舄配闕翟可知云鞠衣以下皆屨耳者
六服三翟既以三舄配之且下文命夫命婦唯言屨
不言舄故知鞠衣以下皆屨也云句當爲絇知者以
此屨舄無取句之義案士冠礼皆云絇故知當爲絇
云絇繶純者同色知者案士冠礼三冠絇繶純各自
同色故也云今云赤繶黄繶青絇雜互言之明舄屨
衆多反覆以見之者以其男子有三等屨舄婦人六
等屨舄若具言其屨舄於文煩故雜互見之明其衆
多也云凡舄之飾如繢之次者無正文此絇皮弁白
屨黑絇繶純俱黑此方爲繡次爵弁纁屨黑絇繶純

黑與纁南北相對尊祭服故對方爲繢次也以此而言則知凡舄皆不與屨同而爲繢次可知云赤繶者王黑舄之飾者以其舄飾從繢之次赤是南方火色與北方黑對方更無青屨取赤爲繶知是王黑舄之飾也云黃繶者王后玄舄之飾者以其天玄與地黃相對爲繢次故知是王后玄舄之飾也上公夫人得服褘衣者亦得玄舄也云青絇者王白舄之飾者亦以對方飾之亦得與褖衣黑屨爲飾但據舄尊者而言王亦與諸侯白舄爲飾也云言繶必有絇純言絇亦有繶純言純亦有繶純三者相將者以士冠禮三

冠各有約繶純故知三者相將但絓互見故各偏舉其一耳云王及后之赤舄皆黑飾后之青舄白飾者以舄皆對方以繢次為飾故義然也云凡屨之飾如繡次也者亦約士冠禮白屨黑約繶純之等而知也云黃屨白飾白屨黑飾黑屨青飾者此據婦人之屨鞠衣已下之屨故有黃屨黑屨也以屨從繡次為飾故知義然也云約謂之拘著於舄屨之頭以為行戒者鄭注士冠亦云約之言拘也以為行戒狀如刀衣鼻在屨頭言拘取自拘持為行戒者謂使低目不妄顧視也云其餘唯服冕衣翟著舄耳者服冕謂后以

下婦人也云素屨者非純吉有凶去飾者下經注散
屨與此素屨同是大祥時則大祥除衰杖後身服素
縞麻衣而著此素屨故云非純吉言去飾者經素屨
不云繶純故知去飾無絇繶純也云言葛屨明有用
皮時者士冠禮云夏葛屨冬皮屨此經云葛屨據夏
而言著冬明用皮故鄭云有用皮時也　辨外至散
屨　釋曰上明王及后等尊者舄屨訖此明臣妻及
嬪已下之屨也言外内命夫案肆師職云禁外内命
男女之衰不中法者鄭彼注外命男六鄉以出也内
命男朝廷卿大夫士也其妻為外命女彼外内命男

則此外内命夫若然此外内命夫其妻爲外命婦鄭雖不注亦與彼同也内命婦自是九嬪以下也　注命夫至玄舄　釋曰云命夫之命屨者以其經不云舄唯云屨大夫以上衣冠則有命舄無命屨故知命屨中唯有屨而已士之命服爵弁則纁屨故云命屨纁屨而已云命婦之命屨黄屨以下者以其外命婦孤妻已下内命婦九嬪已下不得服舄皆自鞠衣以下故云黄屨以下言以下者兼有御大夫妻及二十七世婦皆展衣白屨士妻與女御皆禒衣黑屨故云以下以廣之云功屨次命屨於孤卿大夫則白屨黑

屨者案司服孤希冕卿大夫玄冕皆以赤舄為命舄
以下仍有素弁白屨冠弁黑屨故云次命屨命屨婦
人而言其實孤卿大夫身則功屨次命舄也云九嬪
内子亦然者九嬪與孤妻内子既以黄屨為命屨功
屨之中有禮衣白屨禄衣黑屨故云亦然云世婦以
黑屨為功屨者以其皆以禮衣白屨為命屨其功屨
唯有禄衣黑屨也云女御士妻命屨而已者以二者
唯有禄衣黑屨為命屨故云命屨而已云士及士妻
謂再命受服者案大宗伯云一命受職再命受服但
公侯伯之士一命子男之士不命及王之下士皆受

職不受服王之中士再命上士三命已上乃受服受
服則并得此屨故云再命受服者也云散屨亦謂去
飾者據臣言散即上之素皆是無飾互換而言故云
謂去飾者也鄭志趙商問司服王后之六服之制自
不解請圖之荅曰大裘袞衣鷩衣毳衣絺衣玄衣此
六服皆纁裳赤舄韋弁衣以韎皮弁衣以布此二弁
皆素裳白舄冠弁服黑衣裳而黑舄冠弁玄端禕衣
玄舄首服副從王見先王揄翟青舄首服副從王見
先公闕翟赤舄首服副從王見羣小祀鞠衣黃屨首
服編以告桑之服襢衣白屨首服編以禮見王之服

禒衣黑屨首服次以御於王之服后服六翟三等三
舄玄青赤鞠衣以下三屨黄白黑婦人質不殊裳屨
舄皆同裳色也　凡四至服之　釋曰言以宜服之
者謂各以尊卑所宜之服服之注祭祀至祥時　釋
曰鄭知此經四時祭祀含有素屨散屨者以此經四
時祭祀揔結上文諸屨故知有此二屨也云唯大祥
時者此據外内命夫爲王斬衰而言初死著菅屨卒
哭與齊衰初死同疏屨既練與大功初死同繩屨大
祥與小功初死同吉屨無絇吉屨無絇純是以上經
注云非純吉故云唯大祥時也但上經據卑云散々

與素一也夏采至四郊　釋曰大喪謂王喪也云以冕服復于大祖者謂初死屬纊絕氣之後即以冕服自袞冕以下六冕及爵弁皮弁之等復謂招䰟復者各依命數天子則十二人各服朝服而復於大祖之廟當升自東霤北面履危西上云皐天子復如是者三乃卷衣投於前有司以篋受之升自阼階入衣於尸復而不蘇乃行死事也故云復於大祖也云以乘車建綏復於四郊者以冕服不出宫旌旗之綏又是行道之物故乘玉路之乘車建綏而復於四郊也必於大祖四郊者欲死者復蘇故於平生有事之處皆

復也　注求之至作蕤　釋曰云求之王平生常所有事之處者鄭欲廣解復之處故云平生以揔之天子七廟此經直云大祖大祖則后稷廟也餘六廟此不云復案祭僕云大喪復于小廟注云小廟高祖以下是親廟四也其五寢則隸僕復故隸僕職云大喪復於小寢大寢注小寢高祖以下廟之寢也始祖曰大寢唯二祧無復文者案祭法親廟四與大祖皆月祭二祧享嘗乃止無月祭則不復也禮記檀弓云復於小祖大祖庫門四郊周禮不言五門者文不具云乘車玉路者案巾車云玉路以祀祭天地於郊周玉

路明於四郊復乗玉路可知云于四郊者賓小宗伯
云兆五帝於四郊平生在四郊郊事神之處故必復
之也云於大廟以冕服不出宮也者鄭欲見於四郊
不用冕服之意也云四郊以綏出國門行道也者案
巾車云一曰玉路建大常十有二斿以祀故云以綏
出國門此行道對在廟用冕也鄭司農云復謂始死
招魂復魄者精氣為魂耳目聰明為魄人死魂氣上
去故招之而復之於魄也自士喪以下至私館不復
引此諸文者先鄭意礼記諸言復皆與此經復事同
故皆引為證也云士死於適室者適室則適寢也大

夫士謂之寢天子諸侯謂之路寢也云復者一人者
命士不命之士皆一人若大夫以上皆依命數也云
爵弁者凡復者皆用上服故用士助祭之服云升自
東榮者升屋從東榮而上天子諸侯言東霤皋謂長
聲而言又引喪大記復男子稱名婦人稱字者男子
稱名據大夫士若天子稱天子復諸侯稱某甫臣不
名君故也引喪大記云君以卷夫人以屈狄者彼注
云君以卷謂上公也夫人以屈狄謂子男夫人若上
公夫人用褘衣子男則用毳互見之者欲揔五等諸
侯及夫人也云大夫以玄赬世婦以襢衣者赬赤也

謂纁裳則玄冕也世婦謂君之世婦不言命婦與姪婦亦互見爲義也云謂引明堂位凡四代之服器魯兼用之者鄭欲推出綏是有虞氏旌故也云有虞氏之旂夏后氏之綏者彼注云有虞氏當言綏夏后氏當言旂云則旌旂有是綏者當作緌字之誤也者旌旂有是綏謂系旄著竿此非字之體故破之云當作緌爲系旄著竿故云字之誤也云緌以旄牛尾爲之綴於橦上所謂注旄於干首者爾雅云注旄於干首是也案鍾氏染鳥羽以爲王后之車飾亦爲旌旗之緌則旌旗亦有鳥羽獨云旄牛尾舉一邊而言其實

兼有也云玉祀四郊乘玉路建大常者此巾車文云
今以之復去其旒異之於生者生時九旗有緌有旒
今死去旒是異有虞氏也徒緌　有虞氏緌　有
在下旂旐故云徒緌也云士冠礼及玉藻冠緌之字
者欲見冠緌之字與此旌旗之緌字同也云故書亦
多作緌者謂作糸傍委也云今礼家定作蕤者謂今
説礼之家定作蕤謂為蕤賓之蕤必定緌作蕤者蕤
賓在午月一陰爻生陰氣委蕤於下故旌旗之緌亦
作蕤也

周禮疏卷第八

周禮正義
十二之十四

十三之十四

京都大學圖書之印
944917 昭和28.3.31
船橋藏書

周禮疏卷第十二

唐朝散大夫行大學博士弘文館學士臣賈公彥等撰

鄉師至其治　釋曰云各掌其所治鄉之教者鄉師四人其鄉有六二人共主三鄉故言各掌其所治鄉之教也云而聽其治者自鄉大夫以下至伍長各自聽斷其民今鄉師又聽其治者恐鄉官有濫失審察之故鄭云聽謂平察之　以國比至獄訟　釋曰云以國比之法者案小司徒職云九比之數以辨其貴賤老幼癈疾此鄉師以小司徒國比之法云以時稽其夫家衆寡者謂四時稽考其夫家男女衆寡多少

云辨其可任者謂上地家七人可任者家三人之等云與其施舍者鄭云謂應復免不給繇役即上云癈疾老幼者是也　大役至役事　釋曰言大役者謂築作堤防城郭等大役使其民鄉師則於當鄉之内帥民徒而至至謂至作所也云治其政令者於所帥民徒之中政令也云既役則受州里之役要者所役之民出於州里今欲鈞考作所功程須得所遣民徒本數故云既役則受州里之役要役要則役人簿要云以考司空之辟者辟謂功程司空主役作故將此役要以鈞考司空之功程云　其役事者逆則鈎

考　鈎考役事者恐有濫失　注而至至法也　釋曰云而至至作部曲也者所營作之處皆有部曲分別故云部曲也云辟功作章程者功作之事日月録其程限謂之章程鄭司農云辟法也考功作章程則是法於義得通故引下之在。　凡邦至秩敘　釋曰邦國也凡國家有功作之事故云邦事也令作秩敘者秩常也功作之處皆出政令使多少有常事有次敘故云令作秩敘　注事功至偪匱　釋曰言事有常次則不偪匱者謂營作之事多少有常事有次敘則民不爲偪迫又不匱乏故云不偪匱　大祭

至茅蒩　釋曰案大司徒職云奉牛牲此又云羞牛牲者鄉師佐大司徒故此云羞牛牲也云共茅蒩者案甸師職共蕭茅彼直共茅與此鄉師鄉師得茅束而切之長五寸立之祭前以藉祭故云茅蒩也　注杜子春至是與　釋曰杜子春云蒩當爲菹以茅爲菹若葵菹者但茅草不堪食故後鄭不從鄭大夫讀蒩爲藉謂祭前藉此後鄭從之又引易曰藉用茅無咎者大過初六爻辭引之者證蒩爲藉之義云謂蒩士虞禮所謂苴刌茅長五寸束之者是也引之者欲見其蒩爲祭之藉此增成鄭大夫之義又云祝

設于几東至所以承祭解所以藉祭之意云既祭蓋
束而去之并引守祧職者欲見此是祭神之餘不可
虚棄必當藏之所藏者即守祧職既祭藏其隋是也
言隨者謂祭黍稷三及膚祭如初皆隋減以祭之故
名爲隋以其無正文故言蓋與以疑也○大軍至命者
釋曰云大軍旅者謂王行征伐云大會同者謂
王於國外與諸侯行時會殷同也云正治其徒役者
謂六軍之外别有民徒使役皆出於鄉故鄉師治其
徒役云輿其輂輦者輂駕馬所以載輜重輦所以載
任器亦鄉師治之故云輿其輂也云戮其犯命者謂

徒役之中有犯教命者亦鄉師刑戮之　注輂駕至
爲輂　釋曰知輂是駕馬者以其輂是人輓行故輂
是駕馬可知知輂不駕牛者以其牛唯駕大車柏車
等云所以載任器也者謂任使之器則司馬法所云
者是也引司馬法曰夏后氏謂輂曰余車殷曰胡奴
車者胡則北狄是也周曰輜輂以其載輜重云一
梩者或解以爲插也或解以爲鍬也鍬插亦不殊云
周輂加二版二築者築者築杵也謂須築軍壘辟又
曰夏后氏二十人而輂以下亦是司馬法文以上説
所載任器以下説輓人多少前代寛質無版築

多後代狹方加版築輓人步引之者證周輦即此經輦一也又并見所載之器　大喪至治之　注治謂監督其事　釋曰言大喪用役謂若喪時輓六引之等鄉之大夫既主鄉民役用鄉民之時鄉師遂治之云治謂監督者謂監當督察其事　及葬至治役　釋曰言及葬者及至葬引向壙執纛者纛謂葆幢也鄉師執葆幢却行在柩車之前以與匠師御柩謂在路恐有傾覆故與匠師御正其柩而治役者亦謂監督役人也　注匠師至進退　釋曰匠師事官之屬者以其事官是主工匠之職此官又名匠師故知

匠師事官之屬官也云其於司空若鄉師之於司徒
也者地官之考稱鄉師春官之考稱肆師秋官之考
稱士師唯有天官之考稱宰夫夏官之考稱軍司馬
自外皆稱師此經鄉師是司徒考明匠師亦是司空
考故云其於司空若鄉師之於司徒案天官注冬官
巳未聞其考此云匠師冬官考者彼據冬官亡故云
未聞其考此據匠師與鄉師相對以義約之故云匠
師冬官考也云鄉師主役匠師主衆匠共主葬引者
冬官亡雖無文以其主匠即知共葬也雜記曰升正
柩者案彼注謂將葬朝於祖正棺於廟云諸侯執綍

五百人鄭彼注云一黨之民云四綍皆銜枚者謂引之時銜枚所以止讙囂云執鐸左八人右八人者謂夾柩車匠師執翿羽葆幢此諸侯之禮引之者以天子無文引以況天子之法案彼鄭注天子千人與言執翿羽葆幢者彼文唯有執翿無羽葆幢之言今云羽葆幢者鄭因釋翿是羽葆幢又引爾雅曰纛翳也以指麾輓柩之役正其行列進退者天子六綍千人輓之執翿者柩車恐傾倒執翿者指麾輓柩之役人役人治喪者使柩車令不傾側又千人輓柩以持六綍恐行列進退失所皆以翿指麾之故云正其行列

進退也雜記諸侯禮匠師執翿此天子禮鄉師執翿尊卑不同也　及窆至匠師　釋曰及至也窆是下棺也至壙下棺之時鄉師執斧以涖匠師匠師主衆匠恐下棺不得所須有用斧之事故執斧以臨視之

注匠師至視也　釋曰云匠師主豐碑之事者案檀弓云公室視豐碑三家視桓楹鄭彼注天子斲大木爲之豐大也天子六繂四碑前後各一碑各重鹿盧兩畔各一碑皆單鹿盧天子千人分置於六紼皆背碑負引擊鼓以爲縱舍之節匠師主當之故云匠師主豐碑之事也云執斧以涖之使戒其事者鄉師執

斧以臨之者恐匠　戒其事須有用斧之處故執斧助之使匠師戒其事又云故書涖作立者於義無取後鄭讀還從涖司農云窆謂葬下棺也者三禮及諸文但言窆者皆是下棺故引春秋傳也案左氏昭十二年三月鄭簡公卒將葬司墓之室有當道者毀之則朝而塴弗毀則日中而塴子大叔請毀之子産遂不毀日中而葬又引禮記所謂封者案王制庶人縣封而葬喪大記亦云以鼓封皆爲封字塴封及此經窆字雖異皆是下棺之事云立讀爲涖涖謂臨視也者謂臨視匠師也　凡四至卒伍　釋曰言四

時之田者謂春蒐夏苗等凡田獵人徒等皆出於州里故未田獵之前須鼓鐸旗物之器故預簡閱云脩其卒伍者謂百人為卒五人為伍皆須脩治預為配當　注田法至當有　釋曰云人徒者即經卒伍是也及所當有者則經鼓鐸旗物兵器是也　及期至之訟　釋曰云及期者謂至田獵之期日云以司徒之大旗致衆庶者鄉師為司徒致衆庶故還用司徒之大旗言致衆庶者謂植旗期民於其下云而陳之以旗物者陳列衆庶之時亦植旗於行首云辨鄉邑者田獵之時非直有六鄉之衆亦有公邑之民分

别之云而治其政令刑禁者鄉師治其民庶政令及刑禁等云巡其前後之屯者謂兵衆屯聚各有車徒各於前後而巡行之而戮其犯者但民庶之等各有軍將教命犯命者則戮之又云斷其爭禽之訟者田獵得大獸公之小禽私之有爭禽之訟鄉師斷之

注司徒至從也　釋曰云司徒致衆庶者以能虎之旗者司常職云熊虎爲旗此經云司徒大旗故知司徒自致衆庶以能虎爲旗也云此又以之明爲司徒致之者此鄉師也經云以司徒大旗明用司徒大旗故知爲司徒致之也云大夫致衆當以鳥隼之旟者

案司常陳九旗之次云日月爲常交龍爲旂通帛爲旜雜帛爲物熊虎爲旗鳥隼爲旟又云孤卿建旜大夫士建物大司徒既是卿官尋常建旜在軍建熊虎卿既是大夫官尋常建物在旜下明在軍當以鳥隼之旟在熊虎下可知云鄭大夫讀屯爲課殿者未知鄭大夫所讀更出何文或謂當時俗有課殿之語故讀從之云杜子春讀爲在後曰殿者謂軍在前曰啓在後曰殿玄謂前後屯兵也者屯兵則是殿兵也云謂前後屯車徒異部也者謂大司馬云險野人爲主易野車爲主是車徒異部宜從也　凡四方朝

釋曰云凡四時徵令有常者鄉師各於其鄉内以木鐸警戒巡於市朝使民知之　注徵令至發聲　釋曰徵令有常者謂田狩春蒐夏苗秋獮冬狩四時田獵獨言狩者略舉冬言之云及正月命脩封疆者案月令孟春之月命脩封疆謂田之界分也云二月命雷且發聲者案月令仲春之月先雷三日奮木鐸以令兆民曰雷將發聲有不戒其容止者生子不備必有凶災言此等政令皆有常時故引之以證徵令有常者也　以歲至施惠　釋曰以歲之困阨之時鄉師巡於國及至野外賙給万民之有囏阨者云以王

命施惠者言於其時以王命施布恩惠於下民也
注歲時至之周　釋曰言歲時者隨其事之時不必
四時也者鄭知不是四時者以其艱阨是非常之事
故不得爲四時解之鄭司農云賙讀爲周急之周者
讀從論語周急不繼富之周　歲終至廢置　釋曰
云歲終者謂周之季冬云則攷六鄉之治者謂鄉師
責其治政文書考其功過之以詔廢置者有功則置
之有過則廢之詔告也告王與冢宰廢置之　正歲
至之器　釋曰正歲稽鄉器者此一句與下爲總目
正歲謂建寅之月稽考也鄉師各自考校當鄉之器

服云比共吉凶二服者五家為比比長一人主集合五家相共吉凶二服云閭共祭器者二十五家為閭閭胥一人主集合祭器使相共云族共喪器者百家為族々師一人主集合喪器使相共云黨共射器者五百家為黨黨正一人主集合射器以共州長之射云州共賓器者二千五百家為州州長一人主集合賓器以共鄉大夫行鄉飲酒之禮云鄉共吉凶礼樂之器者万二千五百家為鄉鄉大夫主集此四器恐州黨已下有故不能自共卽旁借共也　注吉服至教成釋曰云吉服者祭服也者當比內無祭事其

於族祭酺黨祭禜州祭社之等無過用朝服又知凶
服是弔服者若人衰裳是常服主人自共其弔服是
暫服可以相共故知是弔服其庶人弔服無過素冠
與深衣而已云比長主集為之者雖五家之內亦當
有官首若非比長主集民不自課故知比長主集為
之云祭器者簠簋者案特牲同姓用簠大牢皆用敦
同姓者乃用簠今言簠簋者況義可云喪器者夷盤者
案喪大記士併瓦大夫乃用夷盤今庶人實不得用
夷盤引之者以況喪器非謂庶人得用夷盤也云素
俎梡豆者案士喪礼小斂有素俎大斂有梡豆兩籩

無縢此不言篋無縢者文略也云輁軸之屬者案既
夕禮士朝廟用輁軸以載柩此庶人無輁軸引之者
亦以況義知非旅内有大夫士得用夷盤輁軸者以
其大夫自有禄位不在其限故知引以況義不言棺
槨亦至人自共之也故閭師云不樹者無槨此三者
並是罰物所為知者案載師職云宅不毛者有里布
田不耕者有屋粟鄭玄云罰之以共吉凶二服及喪
器鄭不云祭器文略有祭器可知鄭知必用罰物不
用官物為之者以其不為官事明不用官物可知云
射器者弓矢楅中之屬者案鄉射大射皆云執張弓

挾乘矢楅在庭中射訖令弟子取矢置于楅以八籌置于中士則鹿中之等是也云之屬者之屬中容有侯之等云爲州長或時射于此黨也者一州管五黨州長春秋二時射於序學要在一黨之中故云或時射於此黨又云賓器者尊俎笙瑟之屬者案鄉飲酒三年貢士之時行飲酒之禮即有酒尊俎賓二人鼓瑟在堂笙入在於堂下故言尊俎笙瑟言之屬者更有籩豆之等云爲鄉大夫或時賓賢能於此州也者一鄉管五州鄉大夫行鄉飲酒之時必在一州之内此州則共之故云或時賓賢能於此州也云吉器若

閭祭器者也凶器若族喪器者也若以其鄉大夫備集此四器恐閭族已下有故不得自共故知還是閭族黨州所當共者也故云吉器若閭祭器者也凶器若族喪器者也云禮樂之器若州黨賓射之器者連州黨并言之者以其州黨射器賓器二者皆有禮器樂器故州黨并言之自射器已下皆為國行禮得官物所為不出民物故酒正云凡爲公酒者亦如之注云謂鄉射飲酒以公事作酒者亦以式法及酒材授之使自釀之酒材尚得公物明此器等亦出官物可知以其為官行禮故也云上下相補者自比共吉凶

二服至州共賓器已上是下之相補鄉共吉凶禮樂之器者是上之相補故云上下相補云禮行而教成者蓋民之於財物闕於禮儀教化不成今以器服共之則禮行而教成也　若國至誅賞　釋曰若國大比者謂三年大比之時則鄉師考教學之官知其道藝進不云察辭者視官中之吏辭之虛實云稽器者謂考鄉中禮器兵器之等云展事者謂行事展省視之知其善惡詔告之在上善者賞之惡者誅之　鄉大至禁令　釋曰六鄉大夫各掌其鄉之政令及十二教與五禁號令皆掌之　注鄭司農至為鄉　釋

曰案上文五州爲鄉故知万二千五百家爲鄉　正
月至道藝　釋曰言正月之吉者謂建子之月月朔
之日云受灋於司徒者謂若大司徒職十二教已下
其法皆受於司徒而來云退而頒之于其鄉吏者謂
已於司徒受得教法遂分與州長已下至比長云使
各以教其所治者亦謂州長已下至比長各教所治
也云攷其德行者謂鄉大夫以鄉三物教万民遂考
校其萬民有六德六行之賢者云察其道藝者謂万
民之中有六藝者並擬賓之　注其鄉至以下　釋
曰以其比長以上至州長皆屬鄉大夫故知鄉吏州

長以下至比長　以歲至其書　釋曰云以歲時者
謂歲之四時登猶成也定也夫家謂男女謂四時成
定其男女多少云辨其可任者謂分辨其可任使者
云国中自七尺以及六十者七尺謂年二十知者案
韓詩外傳二十行役與此国中七尺同則知七尺謂
年二十云野自六尺以及六十有五者六尺謂年十
五故論語云可以託六尺之孤鄭注云六尺之孤年
十五已下彼六尺亦謂十五鄭言已下者正謂十四
下亦可以寄託非謂六尺可通十四已下鄭必知六
尺年十五者以其國中七尺為二十對六十野云六

尺對六十五晚校五年明知六尺與七尺早長五年
故以六尺為十五也云皆征之者所征稅者謂築作
挽引道渠之役及口率出錢若田獵五十則免是以
祭義云五十不為甸徒若征伐六十乃免是以王制
云六十不與服戎彼二者並不辯國中及野外之別
云其舍者謂不給繇役則國中貴者已下是也云以
歲時入其書者此上所云皆歲之四時具作文書入
於大司徒故云歲時入其書也　注登成至司徒
釋曰云登成也定也者以其夫家衆寡若不作文書
則多少盡歲不定若作文書多少成定故云登成也

也定也云国中城郭中也者以其對野故知国中是城郭中也云晚賦税而早免之者以其経云七尺及六十對野中六尺至六十五是其晚賦税而早免之云以其所居復多役少者以此経云国中貴者至疾者皆舍據國中而言是其国中復多役少也鄭司農云四事皆若今者並舉漢法況之云謂入其書者言於大司徒知者以其上云受法於司徒故知入其書者言於大司徒　三年至賔之　釋曰三年一閏天道小成則大案比當鄉之内云考其德行道藝者德行謂六德六行道藝謂六藝云而興賢者則德行之

人也能者則道藝之人也云鄉老及鄉大夫帥其吏者謂州長以下云與其衆寡者謂鄉中有賢者皆集在庠學云以礼礼賓之者以用也用鄉飲酒之禮以禮賢者能者賓客舉之　注賢者至賓之　釋曰云賢者有德行者欲見賢與德行為一在身為德施之為行内外兼備即為賢者也云能者有道藝者鄭亦見道藝與能為一　上注云能者政令行以其身有道藝則政教可行是能者也云衆寡謂鄉人之善者無多少也者案鄉飲酒堂上堂下皆有衆賓不言其數此經衆寡兩言無問多少皆來觀禮故云無多少也

鄭司農云若今舉孝廉及茂才者孝悌廉絜人之德行故以孝廉況賢者茂才則秀才也才人之技藝故以況能者也玄謂變舉言興者案禮記文王世子云或以事舉或以言揚故今貢人皆稱舉今變舉言興云謂合衆而尊寵之者合衆即此經云鄉老及鄉大夫已下是也云鄉飲酒之禮者則儀礼篇飲酒賓舉之法是也　厥明至貳之　釋曰厥明者謂今日行鄉飲酒之禮也至其明日表奏於王　注厥其至之時　釋曰云天府掌祖廟之室藏者是春官天府職文也引之者欲見天府掌寶物賢能之書亦是寶物

故藏於天府云内史副寫其書者貳副也故史副寫一通文書擬授爵禄案内史職有策命諸侯羣臣之事故使内史貳之　退而至興舞　釋曰言退者謂獻賢能之書於王退來鄉内云以鄉射之礼者州長春秋二時習射於序名爲鄉射今鄉大夫還用此鄉射之禮云五物詢衆庶者物事也一曰二曰已下是也　注以用至是乎　釋曰行鄉射之禮者案今儀禮鄉射云豫則鉤楹内堂則由楹外又云序則物當棟堂則物當楣堂謂鄉學據鄉大夫所行射礼也豫謂州長春秋二時習射於序司農云和謂閨門之内

行也者以其父子主和故和謂閨門之內行也云容
謂容貌也者以其容是容儀故知容貌也後鄭不從
此義杜子春讀和容爲和頌謂能爲樂也者興舞卽
舞樂今又以和容謂能爲樂故後鄭亦不從玄謂和
載六德容包六行也者破司農子春之義案大司徒
以鄉三物教万民殺民則興之明此詢者還是三物
之內不是三物之外別有和容又且主皮興舞是六
藝之內明此和容是六德六行之中在下謂之載和
在六德之下故云和載六德云容包六行者在上謂
之包容則孝也孝在六行之上故云容包六行必知

容得為孝者案漢書高堂生善為容容則禮也善為孝者必合於禮之容儀故以孝為容者也云庶民無射礼者天子至士有大射燕射賓射之等庶人則無此射禮故云無射禮也云因田獵分禽則有主皮者案大司馬職大獸公之小禽私之者至舍更與在田之人射則取之則有云主皮主皮者張皮射之無侯也者自士已上張皮侯采侯獸侯庶人主射此皮故云主皮無侯也云主皮和容興舞則六藝之射與礼樂與者以此三者當之故以主皮當射和容當礼興舞當樂若然三物之中其事一十有八今六德之中

唯問和六行之中唯問容六藝之中唯問礼樂射問
比者既貢賢於王其餘則未能盡備故略舉五者以
問之六德是其大者故問下之和者六行是其小者
故問上之孝者也六藝之中禮以安上治民樂以移
風易俗男子生設弧於門左射是男子之事此者人
行之急故特言之自餘略而不説又云當射之時民
必觀焉因詢之也者案鄉射記唯君有射于國中其
餘則否注云臣不習武事於君側以其鄉射在城外
衆庶皆觀焉故得詢此五物云孔子射於矍相之圃
已下者此是禮記射義文天子諸侯射先行燕礼鄉

大夫士射先行鄉飲酒之禮時孔子爲鄉大夫鄉射之禮先行飲酒礼故云孔子射於矍相之圃矍相地名以其臣不得在國射故射於矍相之圃蓋觀者如堵墻者以其鄉内衆庶皆集在射所故云觀者如堵墻云射至於司馬者以其飲酒之礼必立司正於將射變司正爲司馬也案鄉射大射司射執弓矢今此云子路執弓矢則子路爲司射也云子路出誓者以其衆庶多不可盡與之射故誓去之云又使公罔之裘序點揚觶而語者案鄉飲酒之礼一人舉觶爲旅酬始二人舉觶爲無筭爵始射在無筭爵前今誓在

無筭爵後者但射實在無筭爵前今未射之前用此
無筭爵礼二人舉觶之法以誓衆庶耳非謂此射在
無筭爵後云詢衆庶之儀若是乎者孔子爲諸侯卿
大夫此經是天子鄉大夫引彼以證此故云乎以疑
之　此謂至治之　釋曰言此謂使民興賢者謂上
經賓舉者皆民中舉之還使治民故云此謂使民興
賢出使長之謂使鄉外與民爲君長云使民興能入
使治之者謂能者復來入鄉中治民之貢賦
注言是至爲治　釋曰云使民自舉賢者因出之而
使之長民教以德行道藝於外也若以賢者德大故

遣出外或為都鄙之主或諸侯皆可也以其自有德行道藝故還使之教民以德行道藝云使民自舉能者因入之而使之治民之貢賦田役之事於內也者以其能者德小不可以為大夫諸侯等故還入鄉中量德大小以為比長鄰長已上之官治民之貢賦田役於內也云為政以順民為本也者禮記云上酌民言則下天上施上不酌民言則下不天上施故言為政以順民為本也書曰天聰明已下是尚書咎繇篇之文也自用也言天雖聰明視聽既遠不自用已之聰明用民之聰明民之歸者則授之以天位謂若

湯武是也天明威自我民明威者威畏也天雖明察可畏不自用己之明威用我民明威民所叛者則討之謂若桀紂是也云老子曰聖人無常心以百姓心為心者但聖人形如枯木心若死灰空洞無我故無常心以百姓之心為心引之者證順民為本之意云如是則古今未有遺民而可為治者天聰明是古老子與此文為令皆順民為治故云古今未有遺民而可為治也　歲終至教事　釋曰年終將考其得失則令六鄉之吏州長已下皆計會教政之功狀致其所掌之事於鄉　大夫鄉大夫得之致與大司徒然後

考之　正歲至所治　釋曰正歲建寅之月鄉大夫令州長已下羣吏令使考法於司徒正謂受而考量行之故云以退各憲之於其所治憲者表縣之也

國大至於朝　釋曰國有大事必順於民心故與衆庶詢謀則六鄉大夫各帥其鄉之衆寡而致於朝謂外朝三槐九棘之所共詢謀之　注大詢至庶民

釋曰知大詢詢國危詢國遷詢立君者案小司寇職云掌外朝之政以致万民而詢焉一曰詢國危已下此亦云國大詢于衆庶而致於朝故知大詢者詢國危之等此三者皆是國之大事故稱大詢小司寇雖

不云大大卜云大貞即此詢國危之等也鄭司農云
大詢於衆庶引洪範所謂謀及庶民若彼謀及庶民
即大詢於衆庶一也故引爲證　國有至政令　釋
曰大故謂災變寇戎之事警急須人故鄉大夫令州
長已下使民各守其閭胥所治處以待國之政令
注使民至治處　釋曰二十五家爲閭中士爲閭胥
則有治政之處以聚其民　以旌至達之　釋曰國
有大事故恐有姦寇故使民徵令出入來往胥須得
旌節輔此徵令文書乃得通達使過故鄭云民雖以
徵令行其將之若無節則不得通　州長至之法

釋曰一鄉管五州中大夫一人為州長故云州長各掌其州之教也教謂十二教云治政令之法者謂十二教之外新施政令皆治之注鄭司農至夏州　釋曰二千五百家為州者雖無正文約則有之案上文五家為比五比為閭四閭為族五族為黨五黨為州州二千五百家也又引春秋傳曰已下者案左氏宣公十一年傳曰楚子伐陳遂入陳殺夏徵舒因縣陳申叔時諫乃復封陳鄉取一人焉以歸謂之夏州注云言取討夏徵舒之州引此者以證有州之義也

正月至戒之　釋曰謂建子之月一日也各屬其州

之民若屬猶合也聚也謂合聚一州之民也而讀法
者謂對衆讀一年政令及十二教之法使知之云以
考其德行道藝而勸之者謂考量民之六德六行及
六藝之道藝而勸勉之使之勤脩云以糾其過惡糾
察舉之罪而懲戒之　注屬猶至其善　釋曰言因
聚衆而勸戒之者謂欲勸戒之必須聚衆故言因聚
衆而勸戒之欲其善也　若以至州序　釋曰上云
歲時皆謂歲之四時此云歲時唯謂歲之二時春秋
耳春祭社以祈膏雨望五穀豐熟秋祭社者以百穀
豐稔所以報功故云祭祀州社也云則屬其民而讀

法亦如之者凡讀法皆因節會以聚民今既祭因聚民而讀法故云亦如之云春秋以禮會民而射于州序者州長因春秋二時皆以禮會聚其民而行射礼于州之序學中言以禮者亦謂先行鄉飲酒之礼乃射故云以礼也　注序州至之志　釋曰此知序州黨學者案下黨正亦云飲酒于序故知州黨學同名為序若鄉則立庠故礼記鄉飲酒義云主人迎賓于庠門之外彼鄉大夫行賓賢能非州長黨正所行故知庠則鄉學也　云會民而射所以正其志也者凡礼射皆須存其志意故知鄭即引射義曰射之為言繹

也繹者各繹己之志繹陳也言各陳己志者謂若射義云射者内志正外體直乃能中之是也　凡州至其事　釋曰云凡者以其大祭大喪非一故云凡也云州之大祭祀大喪者則非國家祭祀喪事謂州之大祭唯有春秋祭社也州之大喪者三公卿大夫之喪也云皆涖其事者二者州長皆臨其事也　注大祭至臨也　釋曰言大祭祀謂州社稷者以上文云歲時祭祀州社此經又因言州之大祭祀故知還是上文州社也知有稷者以其天子諸侯三社皆稷對之故知兼有稷也言州社者若言大社國社之類又

黨祭禜族祭酺故此特言州社也云大喪鄉老鄉大夫者以其遠郊之内置六鄉〻老與鄉大夫死不出六鄉要在一鄉一州一黨一族一閭之内今據州而言故云於是卒者也　若國至賞罰　釋曰言若者不定之辭若如也如有國家作起其民師謂征伐田謂田獵行謂巡狩役謂役作此數事者皆須徵聚其民州長則各帥其民而致之于司徒也云掌其戒令與其賞罷（罰）者州長既致其民還自領已民為師帥故還使州長掌之也　注致之至師帥　釋曰云致之於司徒也者謂州長致與小司徒小司徒乃帥而致

與大司徒故小司徒職云大軍旅帥其衆庶是也云
因為師帥者若衆屬軍吏則有軍吏掌之何得還向
掌之故知因為師帥也但在鄉為州長已管其民在
軍還領己民為師帥即是因内政寄軍令也 歲終
至如初 釋曰既不言正歲之終周礼之内直言歲
終者皆是周之歲終也言則會其州之政令者謂會
計當州黨正已下政令文書將以考課也云正歲則
讀教法如初者以其建寅之月得四時之正於教令
審故又讀教法言如初者亦當屬民讀之也 三年
至慶興 釋曰州長至三年大案比之月則大考州

里有謂年々考訖至三年則大考之言大者時有黜
陟慶興故也　黨正至教治　釋曰言各者一鄉有
二十五黨故各掌其黨之政令及十二教與治職文
書　注鄭司農至童子　釋曰先鄭知五百家爲黨
者以其五家爲比五比爲閭四閭爲族五族爲黨故
知之也引論語者證有黨義也　及四至戒之　釋曰
及至也黨正四時孟月吉日則屬民而讀邦法者因
糾戒之如州長之爲也　注以四孟至彌數　釋曰
云以四孟之月朔日讀法者彌親民者於教亦彌數
者上文州長唯有建子建寅及春秋祭社四度讀法

此黨正四孟及下文春秋祭禜并正歲一年七度讀法者以其鄉大夫管五州去民遠不讀法州長管五黨去民漸親故四讀法黨正去民彌親故七讀法鄭云彌親民者則非直徒解黨正而已案下族師十四度讀法彌多於此故鄭揔釋云彌親民者教亦彌數也　春秋至如之　釋曰黨正不得與州同祭社故亦春秋祭禜神也　注禜謂至稷云　釋曰鄭知禜謂雩禜水旱之神者案禮記祭法云雩禜祭水旱案昭公元年左氏傳子産云水旱疠疫之不時於是乎禜之皆是禜祭水旱神也云蓋亦為壇位如祭社

稷云者以其大司徒及封人等皆云社稷有壇又祭法王宮祭日及雩禜祭水旱等皆是壇名故知亦如社稷有壇位無正文故言云以疑之也　國索至不齒釋曰黨正行正齒位之禮在十二月建亥之月為之非蜡祭之禮而此云國索鬼神而祭祀者以其正齒位礼在蜡月故言之以為節耳當國索鬼神而祭祀之時則黨正屬衆其民而飲酒于序學中以行正齒位之法當正齒位之時民內有為壹命已上必來觀禮故須言其坐之處云壹命齒于鄉里者此黨正是天子之國黨正則壹命亦天子之臣若有壹命之

人来者即于堂下鄉里之中爲齒也云再命齒于父族者謂父族爲賓即與之爲齒年大在賓東年小在賓西三命而不齒者若有三命之人來者縱令父族爲賓亦不與之齒若非父族是異姓爲賓灼然不齒位在賓東故云不齒也若然典命雖不見天子之士命數序官有上士中士下士則上士三命中士命下士壹命則此壹命謂下士再命謂中士三命謂上士也

注國索至謂遵　釋曰云國索鬼神而祭祀謂歲十二月大蜡之時是禮記郊特牲文建亥之月者是鄭君解義語言此者謂行正齒位之禮亦在此月

也云正歯位者鄉飲酒義所謂六十者坐至六豆者並是彼文案彼文謂五十者立侍六十者乃於堂上而坐礼年六十已上籩豆有加故不得籩豆耦而云六十者三豆七十者四豆八十者五豆九十者六豆若然則堂下五十立者二豆而已引之者證此經與彼同是正歯位之法也云必正之者爲民三時務農將闕於礼至此農隙而教之尊長養老見孝弟之道也者春夏秋三時務在田野闕於歯序之節隙閑也至此十月農事且闕而教之言尊長養老即五十已上至九十正歯位是也但孝弟施于家内今行尊長

養老則是孝弟之道通達于外者也云黨正飲酒礼
亡者儀礼篇卷並在之日別有黨正飲酒之礼見今
十七篇内無黨正飲酒之礼故云亡也云以此事屬
于鄉飲酒之義微失少矣者但儀礼未亡之時篇内
論正齒位之礼其義具悉今將此經之事連屬於鄉
飲酒義則鄉飲酒義唯有五十已上豆數之言此經
唯有壹命已下觀礼之事二處相兼比於儀礼篇中
鄉飲酒法義理乃未足微失於少故云微失少矣云
凡射飲酒者謂州長春秋行社黨正十二月行飲酒
二事俱同故兼言射也云此鄉民雖為卿大夫必來

觀礼者證此經壹命以至三命齒與不齒之人來在位之法也又引鄉飲酒鄉射記者證二事俱有壹命已下觀礼來入時節案彼經大夫皆作樂前入士來旅前入故云大夫樂作不入鄭彼注云後樂賢也云士既旅不入注云後正礼也若然大夫士來觀礼者皆為樂賢行礼而至故大夫樂作不入士既旅不入也云齒于鄉里者以年與衆賓相次也者謂在堂下與五十已下衆賓賓客相次以其壹命若據天子之國壹命為下士若據諸侯之國壹命為公侯伯之士若據子男之士不命固在堂下以其士立于下故也

云齒于父族者父族有爲賓者以年與之相次者以
其賓在戶牖之間南面若賓是同姓父族則與之齒
也云異姓雖有老者居於其上者既言齒于父族明
異姓非父族不齒可知云不齒者席于尊東所謂遵
者案鄉飲酒鄉射皆酒尊在室戶東房戶西賓主夾
之鄉人爲鄉大夫來觀礼爲鄉人所遵法謂之爲遵
席位在酒尊東公三重大夫再重故知不齒者席于
尊東也云所謂遵者所謂鄉射鄉飲酒之遵也案鄭
注鄉飲酒云此篇無正齒位之事焉者彼是三年一
貢士直行飲酒之礼賢者爲賓其次爲介其次又爲

衆賓々而貢之如此無黨正々齒位之事案彼注又云天子之國三命者不齒於諸侯之國爵爲大夫則不齒矣者以其賓賢能年幾必小於鄉大夫等是以天子之國三命士及公侯伯之卿三命大夫二命子男之卿再命大夫壹命但是大夫已上無閒命數皆不齒以其大夫已上爵尊故也但諸侯之卿當天子之上士故天子之國三命乃不齒天子士再命已下及諸侯之士則皆齒以其士卑立于下故在堂下與鄉人立者齒也彼是賓賢能礼若黨正飲酒之礼則此文是天子黨正飲酒法則壹命齒于鄉里在堂下

與鄉人齒再命齒于父族父族為賓在堂上則天子
再命之士亦在堂上與彼賓賢能鄉飲酒義異者案
鄉射記云大夫與則公士為賓則此黨正飲酒有壹
命已上觀礼則亦以公士為賓但公家之士其年必
大故天子之士再命者亦與之齒若然賓賢能天子
之士再命不齒者彼賓賢能非正齒位法別為一礼
故與黨正々齒位礼異也　凡其至戒禁　釋曰此
一經並是民之所行上州之祭祀大喪義異此祭祀
已下雖是民之所行民者冥也非教不可故黨正皆
教其礼事也　國掌其戒令督禁之　注其黨之民釋

曰經云凡其黨之祭祀之等言凡是廣及之言故云其黨之民也凡作至政事　注亦於至旅師　釋曰此亦如上釋非家屬軍吏者黨正在鄉各管五百家出軍之時家出一人則五百人爲旅黨正還爲旅帥亦如州長因爲師帥也　歲終至致事　釋曰黨正以一黨之内有族師以下諸官等故歲終則會計一黨政治功狀則帥其族師以下之吏致其所掌之事於州長州長又致與鄉大夫鄉大夫致與大司徒而行賞罰也　正歲至道藝　注書記之　釋曰黨正於正歲建寅朔日衆民聚處讀法因即書其德行道藝

鄭解書書記之者以其三年乃一貢今每年正歲皆
書記勸勉之三年即貢之也　以歲時涖校比
釋曰案族師職以歲之四時校比此黨正管五族
至校比之時黨正往臨之恐其有差失故也　注涖
臨至案比　釋曰鄭司農所云者並族師職文以其
黨正所臨今族師故還引族師校比之法以證成其
義也云如今小案比者此舉漢法言小案比對三年
大比為小耳　及大比亦如之　釋曰及至也族師
至三年大案比黨正亦涖之

周禮疏卷第十二

族